RELIGIONS ET FIN DE VIE

Sous la direction de
Laëtitia Atlani-Duault

Religions et fin de vie

Les témoignages de grandes voix religieuses

Fayard

Couverture : Le Petit Atelier

ISBN : 978-2-213-72623-6
Dépôt légal : octobre 2023

Pour Évelyne Soyez

Sommaire

Introduction

Laëtitia Atlani-Duault[1]

Le suicide assisté et l'euthanasie, objets de préoccupation majeurs depuis plusieurs décennies en Europe, sont redevenus un sujet d'actualité pour la société française. Le débat parlementaire prévu fin 2023 doit déboucher sur un projet de loi qui pourrait autoriser le recours à « l'aide active à mourir », terminologie *a priori* préférée à celle de suicide assisté. Au préalable, un rapport du CCNE, favorable à une telle évolution de la loi, a été rendu,

1. Laëtitia Atlani-Duault est directrice de recherche et vice-présidente Europe de l'Université Paris Cité. Elle préside l'Institut Covid-19 Ad Memoriam, qu'elle a fondé, et est membre du Ceped (Université Paris Cité, IRD) et professeur affiliée à l'Université Columbia de New York.

une convention citoyenne a été organisée, les médias s'en sont emparés, des tribunes ont été publiées.

Dans ce concert de paroles, les principales religions et spiritualités font figure de grandes absentes. Pour le moment, elles ont été peu sollicitées et entendues – un silence d'autant plus surprenant étant donné la place qu'occupent la vie et la mort dans leurs réflexions.

Deux questions en particulier ne cessent de les animer, qui sont au cœur du débat autour de la fin de vie. Si « la mort n'est pas la Grande Faucheuse, elle est la Grande Question. "Mort", écrit Dan Arbib, *mavet* en hébreu, doit se lire comme le pluriel de *ma*, "quoi ?" ». Car nul ne doute de la réalité de la mort, mais « qu'est-elle, elle dont nous sommes si sûrs qu'elle est ? Aucun savoir de la mort ne pourrait ici nous garantir autre chose que vaine présomption. Ici, les récits, religieux ou mythologiques, peuvent bien nous faire réfléchir, nous disposer à une conduite morale et être parés de toutes les vertus édifiantes, il demeure que jamais ils ne constitueront à proprement parler un savoir transmissible. Depuis qu'il y a des hommes et qu'ils meurent, nul ne sait ce que c'est que mourir ». Dès lors, comment, ne sachant rien sur la mort, peut-on apprendre à mourir ?

De plus, et c'est là peut-être une nouveauté, l'effroi de la mort semble s'être substitué à ce que l'on appelle la « fin de vie ». Aujourd'hui, écrit Éric de Moulins-Beaufort, « l'image rêvée de la mort est celle de la mort qui survient à l'improviste, au milieu du sommeil ou dans une activité, atteignant une personne âgée mais encore valide et pleinement lucide ». Or « pendant des siècles, cela était la description même de la mort redoutée. Ce qui était espéré était de pouvoir mourir en regardant ce fait en face, en s'y préparant en disant adieu aux siens et en réglant ses dernières affaires, en demandant pardon et en donnant le pardon lorsque cela était nécessaire ». Jouant sur les mots, Dan Arbib lui répond en écho : « La terreur de la mort se mue en terreur des derniers temps ; notre angoisse naît, non point tant de ce que nous concevons la fin de la vie, que de ce que nous concevons la fin de vie. L'interminable *se*-mourir nous tourmente aujourd'hui plus que ne saurait jamais faire le mourir tout court. La mort comme fin de *la* vie, trop abstraite pour émouvoir vraiment, se voit recouverte par la mort comme fin de vie – elle vraiment terrifiante. » De fait, pris de cette terreur, comment accompagner au mieux le passage de la vie à trépas ?

Le simple fait de formuler ces deux questions est là pour nous rappeler, si besoin était, que « l'appropriation de la fin de vie ne peut pas faire l'économie des questions spirituelles qu'elle nous pose », comme l'écrit Denis Malvy. « Quel sens la fin de vie prend-elle pour nous ? Ce sens est-il partageable et avec quelle perspective pour notre monde en train de passer ? Avec quelle conviction, quelle foi, quels espoirs pour nous, pour autrui, pour la collectivité, pour le monde ? Avec quelles promesses en termes d'horizons de Salut ? »

Face à ces questions, les auteurs que j'ai réunis dans cet ouvrage s'interrogent et proposent des réponses. Ils le font en leur nom[1], et non en tant que représentants de telle ou telle religion ou spiritualité. Certes, plusieurs occupent des responsabilités institutionnelles, parfois éminentes : l'ensemble des leaders religieux et spirituels français, qu'ils soient catholique, protestant, orthodoxe, juif, musulman ou bouddhiste, ont en effet répondu présents à mon appel. Mais d'autres auteurs, tout aussi nombreux, n'ont aucune responsabilité institutionnelle, ce sont des intellectuels ancrés dans une foi qu'ils assument mais en dehors de toute organisation religieuse ou

1. Éric de Moulins-Beaufort est archevêque de Reims et président de la Conférence des évêques de France ; Véronique Margron est théologienne, sœur dominicaine et présidente de la Conférence des religieux et religieuses de de France ; Christian Krieger est pasteur, théologien et président de la Fédération protestante ; François Clavairoly est pasteur et théologien protestant ; Olivier Abel est philosophe protestant ; Haïm Korsia est grand rabbin de France et membre de l'Institut ; Dan Arbib est philosophe et spécialiste d'études juives à l'École normal supérieure ; Dimitrios Ploumis est le Métropolite de France et président de l'Assemblée des évêques orthodoxes de France ; Denis Malvy est professeur de médecine, prêtre et théologien orthodoxe ; Chems-eddine Hafiz est recteur de la Grande Mosquée de Paris ; Sadek Beloucif est professeur de médecine et président de l'association « L'Islam au XXIe siècle » ; Antony Boussemart est co-président de l'Union bouddhiste de France et Jigmé Thrinlé Gyatso est lama, aumônier et co-président de l'Union bouddhiste de France.

spirituelle. Néanmoins, tous les auteurs ne représentent ici qu'eux-mêmes. Aucun ne se drape dans des traditions théologiques ou un corpus doctrinal figés dont il se ferait le porte-parole. Ils tâtonnent et assument ce tâtonnement devant des questions d'une telle importance. Face aux contradictions, ils ne cherchent pas non plus de singularités particulières qui seraient propres à tel ou tel culte ou spiritualité, qu'ils brandiraient comme seules ressources rassurantes et dignes d'estime. Ils tentent à l'inverse, avec modestie, d'articuler leurs démarches personnelles aux référentiels symboliques que constituent les corpus philosophiques qui les nourrissent, qu'ils interprètent dans une visée libératrice.

Que l'on soit ou non croyant, leur donner la parole me semblait donc primordial. Anthropologue, et par ailleurs agnostique, j'avais déjà réuni plusieurs d'entre eux dans un précédent ouvrage consacré à la manière dont leurs religions et spiritualités respectives avaient traversé la crise associée à la pandémie de Covid-19 et les enseignements qu'ils en avaient tirés[1]. Il s'était alors agi de revenir sur leur rôle discret, mais si important, durant cette période pour répondre aux questions que leur adressaient leurs fidèles et sur la manière dont ils avaient fait sens de cette crise inédite. Ce travail collectif m'avait permis de constater tant leurs

1. Laëtitia Atlani-Duault (dir.), *Les Spiritualités en temps de pandémie*, Paris Albin Michel, 2022.

convergences que leurs singularités, voire leurs divergences sur des questions existentielles ; et au-delà, leur désir de contribuer à un dialogue inter-religieux.

Le présent ouvrage part du même postulat de voies distinctives qui souhaitent se faire entendre, non pas isolément, mais au contraire ensemble, sur un thème plus difficile encore que la crise pandémique, et plus profond tant il engage personnellement chaque auteur dans ses convictions religieuses et spirituelles les plus intimes. Non seulement car « les religions et spiritualités jouent un rôle crucial pour aider face à l'inévitable transition », comme le note Antony Boussemart. Mais aussi car il s'agit pour eux de participer ainsi au débat national, avec l'espoir que « la "société des individus" demeure en son cœur jusqu'au bout une "société de personnes", d'hommes et de femmes libres, responsables mais aussi solidaires, habitant non plus Babel où un seul langage est toléré, mais bien la cité des hommes où l'on s'entend et où la parole d'autrui même la plus étrangère se trouve respectée, comme l'écrit François Clavairoly. Une cité où la sollicitude se trouve inlassablement requise afin que mourir ne soit pas un tragique absolu, vécu dans une solitude abandonnée et hors cadre, mais demeure en droit l'acte solidaire, humble et digne des vivants ».

Une cité dans laquelle, également, les responsables des grandes religions et spiritualités de France se parlent et décident de parler à tous. Voici aussi l'originalité de cet ouvrage qui, pour la première fois, les rassemble sur la question de la fin de vie. Ils ont fait le choix d'avancer ensemble tout en ne lâchant rien de positions parfois très différentes. Comme le note Chems-eddine Hafiz, « que nous soyons adeptes d'une opinion ou opposés à une autre, gardons-nous surtout de nous invectiver les uns les autres, car l'attachement à la vie ne doit pas conduire à des dénigrements et accusations d'archaïsme. Fournissons à nos débats des conditions sereines et rejetons toute tentative de récupération politique. Les générations futures méritent mieux que des récits de querelles stériles ».

Dans le cadre de ce groupe de réflexion interreligieux que j'ai créé il y a maintenant trois ans, il m'est apparu nécessaire d'aborder cette question si sensible de la fin de vie. Chaque texte a fait l'objet d'un travail approfondi afin d'aboutir à une réponse claire et argumentée à la question que j'avais adressée aux contributeurs. Si chaque parole demeure distinctive, ensemble pourtant elles produisent une polyphonie de récits qui éclaire d'un jour nouveau les débats sur la fin de vie. En cheminant parmi ces récits, on distingue d'autant mieux ce qui les rassemble – et à certains moments les distingue. C'est ce que je me propose maintenant de faire.

L'évolution du cadre législatif envisage de pouvoir donner intentionnellement la mort sous forme de suicide assisté, voire d'euthanasie. Une partie de la société française souhaite et demande même une telle évolution. « Il nous faut – et j'inclus les religions dans ce nous, écrit Christian Krieger, très humblement accueillir et respecter la volonté ainsi exprimée de ne pas connaître une vie faite de souffrance. La souffrance n'a aucune valeur morale. Elle n'est pas une culpabilisante punition divine dont l'objet serait de corriger ou d'éduquer l'humain. Elle n'a aucune valeur salvifique susceptible de mobiliser l'indulgence divine. Elle n'est ni plus ni moins qu'un élément non souhaitable de cette condition humaine qu'il nous faut faire nôtre. À ce titre, les religions ne peuvent qu'admettre que les gouvernants cherchent à établir un cadre législatif qui propose des modalités thérapeutiques répondant à la situation des douleurs réfractaires aux traitements. »

Tous les auteurs réfutent en préambule, à l'instar d'Éric de Moulins-Beaufort, « la moindre complaisance à l'égard de la souffrance et de la douleur. Au contraire, celles-ci doivent être soulagées, autant qu'il est possible au génie humain ». Ils insistent aussi tous sur le manque d'accès aux soins palliatifs sur tout le territoire national. Ils se rejoignent enfin sur le besoin de mettre en œuvre effectivement la loi déjà existante qui autorise la sédation profonde et continue à la demande du patient et jusqu'à la mort dans certaines conditions. Avec Alain Cordier et Roland Lallemand[1], ils rappellent qu'« en 2016, la loi dite Claeys-Leonetti a accru le poids des directives anticipées et renforcé la parole de la personne de confiance, tout en réaffirmant l'importance du droit d'accès aux soins palliatifs. Elle a également consacré le droit de chaque personne à demander une sédation profonde et continue maintenue jusqu'à son décès », sédation profonde et continue qui, comme le note Sadek Beloucif, « du fait de son caractère exceptionnel et potentiellement transgressif », doit être « soigneusement discutée dans ses indications et ses modalités d'application, possibles également à domicile ». Tous les auteurs souscrivent à cette position et regrettent que la loi ne soit pas suffisamment connue du grand public et, par conséquent, demandée par les patients et leurs familles, ni toujours proposée par le personnel soignant. Il n'y a donc pas besoin selon plusieurs d'entre eux d'une nouvelle loi. D'autant que celle-ci n'en constituerait pas un simple prolongement, mais s'inscrirait en rupture des fondements de notre droit.

Entre permettre la sédation profonde et continue jusqu'à la mort à la demande du patient et accepter des indications élargies au-delà d'une mort attendue à « court terme » dans le cadre d'une évolution de la loi, la frontière est en effet subtile, mais bien réelle.

1. Alain Cordier et Roland Lallemand, *Pour une fin de vie humaine. Petit précis de soins palliatifs à domicile*, Paris, Éditions Hermann, 2023.

Le débat est virulent aussi dans le monde médical, où la question de la sédation profonde en fin de vie est l'une des plus difficiles qui soit. Dans le cadre de la loi Claeys-Leonetti de 2016, « le médecin a l'intention de soulager, même s'il prévoit que la vie du patient peut être écourtée de quelques jours. Il existe là une distinction fondamentale avec l'euthanasie, car la mort, même si elle est prévue, n'est pas voulue ». Au contraire, souligne Sadek Beloucif, « l'euthanasie (ou le suicide assisté), dont l'intention est directement de tuer, de "faire mourir" est radicalement différente et constitue une rupture absolue de l'intention médicale ». De même, « tout en reconnaissant que la maladie est la plus forte, la sédation demeure un soin – cette décision de "laisser mourir" faisant partie de l'accompagnement et de la lutte contre une obstination médicale déraisonnable ». Mais « s'engager vers une "aide active à mourir", même exceptionnellement pour quelques cas, que ce soit sous la forme d'une euthanasie ou d'un suicide assisté, réaliserait une réelle profanation de l'acte de soin au sein de la société ».

Les auteurs réunis dans cet ouvrage ne sont donc pas tous d'accord sur l'opportunité d'une nouvelle loi. Pour plusieurs d'entre eux, élargir le cadre de la loi n'est tout simplement pas acceptable. À l'appui de leurs réticences ou de leur rejet, ils font valoir quatre arguments.

En premier lieu, si « le suicide assisté ou l'euthanasie touche à un interdit fondamental, un interdit structurant, selon Christian Krieger, légaliser l'aide active à mourir est compris comme une transgression de cet interdit ». Celui-ci renvoie à « la primauté de la vie comme un don irrévocable de Dieu » écrit Haïm Korsia, pour qui « la sacralité de la vie de chacun et chacune est ce qui doit nous pousser à choisir la vie ». Alors, « garder espoir et foi jusqu'au bout dans ces situations difficiles est une forme d'expression de l'acceptation de sa destinée, dont le sens reconnaît toujours le caractère clément et miséricordieux du Créateur, insiste Sadek Beloucif, car c'est Dieu qui donne la vie et Dieu qui la reprend ». Poussant cette logique plus avant, Éric de Moulins-Beaufort interroge : « Qu'ont à perdre nos sociétés si la mesure de sa vie était remise à chacun ? Car si l'attention s'est concentrée et se concentrera sans doute encore sur les cas très douloureux et complexes des personnes atteintes de maladies incurables, conduisant à la mort inéluctablement mais lentement et au prix d'une grande perte d'autonomie et de sens de soi, le cœur du défi posé à tout être humain est bien celui-là. » Pour lui, les promoteurs les plus déterminés de l'évolution de la loi « prétendent faire accéder l'humanité à un droit nouveau, une liberté nouvelle, celle de choisir le moment de mourir et d'y être aidé ou encouragé par la société entière, ce qui veut dire déterminer par soi-même le moment où j'estime que ma vie ne vaut plus d'être vécue et d'imposer ce jugement à tous les autres. Mais est-il si juste que chacune ou chacun soit le maître et la mesure de sa vie ? ». Il conclut : « Mourir restera toujours une souffrance, pour celui ou celle qui s'approche de la mort et pour les siens et, en fait, pour l'humanité entière. Il doit toujours rester insupportable que l'un ou l'une de nous doive mourir, que l'humanité puisse continuer en étant privée de l'expression unique et irremplaçable qu'elle avait trouvée en tel ou telle. [Mais] personne ne peut déterminer à soi seul ce que sa vie représente, ce qu'elle apporte et ce qu'elle coûte à l'humanité entière. »

En deuxième lieu, nombre d'entre eux invoquent l'interdit de tuer. « Nous ne pouvons accepter d'entériner par la loi le fait de donner la mort, écrit ainsi Haïm Korsia. L'expression de "suicide assisté" est en réalité un oxymore insupportable, car le suicide est individuel et aider quelqu'un à le faire, c'est l'assassiner, même si le mot semble outrancier. Et même une loi ne peut pas transformer la réalité. » « De quel droit peut-on obliger quelqu'un à tuer quelqu'un d'autre sous prétexte de lui porter assistance ? » poursuit Dimitrios Ploumis. « De quel droit peut-on faire payer cet acte par la société ? Assister quelqu'un au suicide, qu'est-ce, sinon obliger un autre à devenir l'assassin de soi-même ? »

En troisième lieu, certains pointent le risque d'abuser d'un état de faiblesse, ou de laisser les plus faibles choisir de ne pas peser sur leur entourage et sur la société. « Les religions manifestent beaucoup d'humanité envers les suicidés, et c'est un immense progrès par rapport au rejet d'antan », nous dit Haïm Korsia. Mais passer d'une acceptation du suicide à celle du suicide assisté est un pas que peu sont prêts à franchir, du moins dans le cadre formel d'une évolution du cadre législatif, car s'il y a eu évolution sur le suicide, « ce n'est pas une raison pour organiser des suicides de personnes en état de faiblesse pour autant ». Une inquiétude qui anime également Chems-eddine Hafiz : « Quand certains prennent le prétexte de directives anticipées, on oublie tous les abus possibles auxquels peuvent être soumises les personnes vulnérables. Ne risquons-nous pas de confondre les appels au secours des personnes désespérées avec la volonté de mourir ? Sommes-nous sûrs que les plus vulnérables d'entre nous ne subissent pas la pression de leurs proches quand ils se retrouvent dans des situations d'extrême détresse ? »

Des propos qui résonnent fortement avec ceux du pape François s'élevant, lors de son discours du 23 septembre 2023 à Marseille devant le président Macron, contre une possible évolution de la loi française : « On ne joue pas avec la vie ! », sinon cela finira avec cette politique de la non-douleur, qu'il a qualifiée d'« euthanasie humaniste ». Au lieu de cela, « qui écoute, a-t-il poursuivi, les gémissements des personnes âgées isolées qui, au lieu d'être valorisées, sont parquées dans la perspective faussement digne d'une mort douce, en réalité plus salée que les eaux de la mer » ?

En quatrième lieu, enfin, certains auteurs, à l'instar de Véronique Margron ou Haïm Korsia, s'interrogent : la loi doit-elle répondre à toutes les situations ? « L'augmentation de nos capacités techniques n'a cessé d'élargir la sphère de ce que nous pouvons choisir. D'où le poids angoissant de responsabilités inédites : les enfants n'arrivent plus, nous les *faisons* arriver et la mort de même n'arrive plus, de plus en plus nous *décidons* du moment où nous cessons les soins. Mais là justement est le tragique, affirme Olivier Abel, le mourant est entre nos mains et dépend de ce que nous faisons de lui. C'est pourquoi nous aimerions des normes, des solutions juridiques, pour nous protéger de cette angoisse. Notre société a trop souvent tendance à demander à la loi de répondre aux questions complexes qu'elle se pose, et de trancher d'avance les débats. Or, le clivage de l'opinion sur ces questions est d'autant plus profond qu'elle refuse d'intérioriser le tragique. » « Au fond, écrit Haïm Korsia, notre société qui croit tout contrôler du début à la fin de la vie, ne supporte pas l'incertitude qui est pourtant le cœur de la destinée humaine. »

L'opposition à une modification de la loi est donc nette chez certains auteurs : « Non, la mort n'est pas une solution à la souffrance, affirme ainsi Chemseddine Hafiz. Nous devons protéger nos sociétés contre un usage abusif du suicide assisté comme réponse à la douleur. Rien ne légitime l'intervention d'autrui sur sa propre mort. » « Quelqu'un peut-il, dans une société démocratique comme la nôtre, ajoute Véronique Margron, s'arroger "un droit à mourir" ? Je pense que non. Pas plus qu'il ne pourrait déterminer un "droit à vivre". Les abus de droit ne seraient alors pas loin. Ils sont d'ailleurs amplement dénoncés par nombre d'intellectuels, de soignants, d'association de patients. »

Il est cependant intéressant de noter que quasiment tous les auteurs de l'ouvrage qui se positionnent contre une modification de la loi appellent dans le même temps de leurs vœux une « éthique de la détresse » qui autoriserait, comme l'écrivait Paul Ricoeur (1995, 2006)[1], la règle du « tu ne tueras point » d'être exceptionnellement suspendue.

Car « il y a place à prendre en compte le tragique de l'existence, son caractère indécidable car la vie humaine ne peut être régie par les seules lois de la cité des hommes », écrit Véronique Margron. « Le tragique, c'est la façon de répondre au déchirant de

1. Paul Ricœur, *Histoire et vérité*, Paris, Le Seuil,1955 ; Paul Ricœur, « Accompagner la vie jusqu'à la mort », *Esprit. La pensée Ricœur,* mars-avril 2006, p. 316-320.

la vie car nous ne savons pas, et le droit ne peut prétendre tout décider. Peut-être que, parfois, prétendre savoir est trop savoir. Savoir ce qui est bon pour l'autre, ce qu'est sa dignité, sa souffrance, son désir. Pourrions-nous nous dire que, radicalement, "nous ne savons pas" ? » Paul Ricœur demandait : « Sommes-nous si au clair avec nos propres désirs de mort pour en parler non seulement avec compétence mais honnêteté ? » Alors « oui, affirme aussi Christian Krieger, il peut arriver que l'on ait à accompagner autrui dans son désir d'en finir, non parce que c'est un droit, mais une expression tragique de la compassion humaine. Dialogue intime entre les soignants, le sujet souffrant, et ses proches. Je n'ai pas, nous n'avons pas à devenir les juges et les voyeurs de ce dialogue[1]. Cette éthique de détresse mérite réflexion quand il s'agit de penser sociétalement le cadre légal de situations exceptionnelles ».

Il conviendrait alors, pour répondre à la demande de malades en fin de vie et en situation de souffrance extrême, de garantir un cadre délibératif strict et transparent pouvant conduire à des décisions d'accompagnement relevant de l'aide active à mourir. Comme le note Sadek Beloucif, les notions de miséricorde, de clémence et de compassion peuvent être appelées à la rescousse pour trouver une « porte

1. Cf. Bloc-notes de *La Croix L'Hebdo* intitulé « Fin de vie : pour une éthique de la détresse ».

étroite » entre aide active à mourir et acharnement thérapeutique : elles « conduisent à la nécessité d'apaiser les souffrances du mieux possible, car la maladie n'est pas une malédiction et n'a pas de caractère rédempteur ». « Sans amoindrir le caractère sacré de la vie, dans le cadre d'une fin de vie, une souffrance intolérable occultant tout avenir possible s'apparenterait à un acharnement thérapeutique sans but réel (ou obstination déraisonnable) et serait alors comparable à un asservissement, une torture, ou une privation de liberté condamnables. » « L'intention prime l'acte », notent aussi Antony Boussemart et Jigmé Thrinlé Gyatso, et « faciliter le passage (de la vie à la mort) peut parfois constituer un acte de compassion ».

Car au fond, « le véritable défi auquel la société est confrontée », selon Christian Krieger, « est celui de permettre à chacun de vivre au mieux (ou le moins mal) sa mort ». Si « donner la mort, quelles que soient les circonstances et les justifications qui peuvent être avancées, demeure une transgression », « il est des situations de détresse qui appellent la compassion et la sollicitude, qui exigent d'être accueillies avec humanité, sensibilité et solidarité. Les religions ont vocation à participer à cet accueil et à accompagner les personnes en détresse, dans le respect de leur choix, quel qu'il soit ».

Dans cette éthique de la détresse, la fraternité est centrale, celle qui consiste à accompagner le mourant à toutes les étapes de la souffrance et de la maladie, et non pas seulement en fin de vie. « Mettre en place la mort organisée des malades en fin de vie nous interdit de réfléchir à mettre en place d'autres solutions faisant appel à la fraternité », met en garde Haïm Korsia. Si la dignité ou sa perte sont fréquemment évoquées dans les débats sur la fin de vie, en se focalisant sur celle des personnes souffrantes, pour Véronique Margron la dignité est avant tout « inconditionnelle et liée à la personne ». La question se déplace alors, car ce n'est plus la dignité du sujet souffrant qui est en jeu, parce qu'il est digne d'une dignité imprenable, inconditionnelle, mais c'est « celle de la communauté des humains qui l'entourent », poursuit-elle. « Qu'est-ce qui nous rend dignes d'être une société humaine, sinon cette proximité, ce respect, cette attention active aux femmes et aux hommes dont le souffle s'en va ? Quand des milliers de familles dorment dans nos rues, ou que nous commençons à insinuer par nos politiques publiques que d'autres – trop âgés, trop dépendants, trop "ailleurs" de notre raison raisonnante – pourraient nous coûter trop cher, c'est nous qui perdons notre dignité. » Éric de Moulins-Beaufort ajoute : « Une société fraternelle accepte de se laisser tirer vers ce qu'elle n'avait pas prévu, d'aider au-delà de ce qui est totalement planifiable, non seulement la personne malade ou en fin de vie mais aussi la personne qui ne parvient pas à s'établir hors de la précarité ou l'immigré qui cherche un refuge pour lui ou pour les siens. »

Pour Véronique Margron, cette éthique de la détresse doit être de plus sous-tendue par une « éthique de la promesse que l'autre ne sera pas abandonné. Que seront honorés sa complexité, ses ambivalences, sa parole ou ses silences, sa singularité et sa dignité inaliénable. Promesse qu'il ne sera ni délaissé ni considéré comme un parasite par son âge, son handicap, son trop d'altérités ». Elle précise : « Promesse performative – qui accomplit ce qu'elle dit – et prescriptive – qui requiert l'exigence du respect. La dignité des femmes et des hommes qui ont la chance d'être debout, de pouvoir agir, aimer, décider, c'est de tenir la promesse de combattre toutes les puissances de déliaison à l'œuvre dans la société et particulièrement lors la fin de la vie. »

Si certains auteurs réunis dans cet ouvrage partagent donc, avec toute leur complexité et sans front uni, leur opposition à toute évolution du cadre législatif sur la fin de vie, d'autres au contraire soutiennent une telle évolution, que cela soit par un appel au dissensus ordinaire ou, de façon plus provocante, à une « éthique hérétique ».

Ainsi, plusieurs auteurs ne partagent-ils pas la condamnation de la mort voulue et de la mort donnée en retour. Sur le suicide, Olivier Abel s'offusque : « Punir celui qui s'est suicidé est tellement dérisoire... C'est bien triste pour ce que cela dit de notre monde, mais il peut arriver qu'une personne n'ait d'autre issue que de vouloir quitter cette vie et ce monde, ou plutôt le bout de vie ou de monde dans lequel il est coincé. » « On chercherait d'ailleurs en vain dans la Bible une condamnation du suicide », poursuit-il. « Saül et Samson se suicident pour échapper à un destin ignominieux. Et voyez le suicide de Judas : il est raconté comme un horrible malheur et non décrit comme une faute, ni comme une punition. D'ailleurs je ne vois pas de raison, si l'on dit que Socrate, qui pouvait se dérober à la mort et l'a néanmoins acceptée, s'est suicidé (il a bu délibérément la coupe de cigüe), pour que l'on n'en dise pas autant de Jésus montant à Jérusalem, et se laissant livrer ! » Dans la même logique, note Christian Krieger, le « choix du suicide assisté ou de l'euthanasie relève de la liberté et de l'autonomie de chaque personne qui fait son choix en toute lucidité et responsabilité, la liberté et la responsabilité du croyant devant Dieu étant une dimension constitutive de leur foi ».

Pour d'autres, une évolution de la loi pourrait, pour les malades en fin de vie et en souffrance extrême, permettre le *dissensus* ordinaire, qui est appelé de leurs vœux : « Il n'y a de la mort aucune maîtrise possible, ni dans l'acharnement thérapeutique, ni dans le palliatif et la sédation, ni dans l'euthanasie, comme si nous étions capables de comparer toutes les options et d'opter pour l'une d'elles, écrit Olivier Abel. L'horizon commun du suicide assisté et des soins palliatifs, leur véritable *ethos*, qui leur donne leur sens et leurs limites, c'est de toute façon d'aider à mourir le moins mal possible. »

Une évolution de la loi plus directement encore envisagée par François Clavairoly, qui va jusqu'à proposer une « éthique hérétique » en guise de voie de sortie et de dialogue. Une éthique hérétique, « non pas qu'il s'agirait d'une hérésie au sens dogmatique que prendra ce terme », mais d'un chemin nouveau, « à baliser ensemble et sans doute en consonance avec ce qui advient dans nos société », fondée sur l'alliance assumée de la conviction (*fides*), de la raison, du droit et de la liberté du citoyen (*ratio*) et de la sollicitude de la société dans son ensemble (*caritas*) pour ce temps d'épreuve intime et collective que constitue le fait de mourir. Quand *fides* (la foi) écoute la raison humaine qui souffre et ne la contre pas à force de certitudes et de dogmes, quand elle ne reste pas en surplomb, au balcon, mais qu'elle se tient à l'écoute de sa détresse et reconnaît elle-même la limite de son propos dans le tragique de certains cas ; quand *ratio* (la raison) n'humilie pas *fides* par sa science et sa puissance froide et sans éthos, mais cherche elle aussi une réponse devant le malheur, alors peut encore advenir *caritas* (la sollicitude) qui demande juste un espace de liberté, donc, pour ce faire, un espace de droit, ou les trois peuvent décider ensemble que la peur, la solitude, la douleur et l'effroi seront une dernière fois affrontés, dans le maintien des liens irréfragables d'humanité et dans la confiance en Dieu. »

Cette éthique hérétique « doit pouvoir oser faire droit à la conscience du croyant pour qu'il choisisse ce qu'il veut croire », affirme François Clavairoly. « Une liberté non pas théorique mais enracinée dans le temps présent et pressentant ce qui advient », qui « doit pouvoir oser le laisser libre de participer non seulement à des contributions au débat mais aussi à l'exercice de sa responsabilité citoyenne, et à examiner librement l'opportunité de l'inscription dans la loi des personnes croyantes, fidèles et conscientes de leurs limites ». Car ne sommes-nous pas tous confrontés « à être pour son prochain signe d'une sollicitude, d'un accompagnement dans le temps ultime et clair-obscur de la fin de vie, dans ce moment où l'on consent à la finitude, jusque et y compris devant la demande d'une assistance, protégée par le droit d'une institution juste, en étant accompagné, aimé, croyant et vivant jusqu'à la mort » ?

Malgré leurs désaccords, tous les auteurs se retrouvent autour de la nécessité de concilier la loi de la République avec leurs convictions éthiques et religieuses, elles-mêmes hétérogènes, comme on le verra au fil de la lecture. C'est vrai tout particulièrement de l'interdit de tuer, se tuer et tuer autrui. Transparaît finalement de leurs textes une préférence pour la transgression ou l'interprétation large des textes existants au cas par cas, plutôt que l'introduction, dans l'hypothèse d'une législation nouvelle sur la fin de vie, d'une discordance radicale entre la loi de la République et leurs convictions. La transgression serait celle qui fait appel à l'éthique de la détresse, ou à la dissension ordinaire, dans laquelle est reconnue une souffrance et un désir d'en finir qui peut justifier un accompagnement à en finir avec la vie, et pas simplement un accompagnement de fin de vie. Non à l'adoption d'une loi qui marquerait une rupture profonde en promouvant un droit à mourir et être tué qu'il leur semble impossible de reconnaître. Mais cette transgression doit demeurer privée, discrète, intime, pour mieux éviter que cette décision devienne publique, au sens où elle n'engagerait non plus seulement un patient, ses proches et le corps médical, mais l'ensemble de la société. Cette concession qu'ils font à ce qu'ils perçoivent comme une demande forte de la population pour une évolution du cadre législatif dessine une possible voie alternative. Jean Carbonnier ne donnait-il pas comme titre à l'un de ses ouvrages *Flexible droit*[1] et ne disait-il pas qu'il

1. Jean Carbonnier, *Flexible droit*, Paris, LGDJ, 1983. Dernière édition 1995.

ne faut légiférer que les mains tremblantes ? Pour d'autres, il est plus clair d'assumer la discordance et d'oser la loi, aussi imparfaite soit-elle. Oser la loi supposerait d'oser aussi un développement majeur des soins palliatifs.

Ce dont témoigne cet ouvrage finalement, et ce qui fait toute sa richesse que l'on soit croyant ou non, tient dans la volonté des contributeurs de souligner à la fois l'importance du consentement, non seulement à la mort, mais aussi à la vie, et celle, tout aussi fondamentale, de faire mémoire de sa vie, avec les autres. Un consentement répété tout au long de nos existences et pas seulement en bout de souffle ou à bout de souffle, qui dépasse de beaucoup la simple médicalisation de la fin de vie. Un consentement nécessaire à toute vie heureuse pour soi mais aussi au deuil d'un entourage de toute façon frappé par le tragique de l'irréversibilité. Ce temps du consentement répété à la vie et à la mort est néanmoins trop souvent méconnu – ou oublié – par certaines équipes médicales ; avec comme conséquence la brutalité que constitue l'impossibilité, pour les malades, de faire « mémoire de leur vie » avec leurs proches avant de dire adieu. En ce sens, avec Éric de Moulins-Beaufort, il s'agit « non seulement [de] se souvenir des étapes de celle-ci mais [de] faire mémoire de la qualification de certains de ses moments, de la qualité de l'engagement de sa liberté dans tel choix, telle décision ou absence de décision ». Il ajoute, « ce moment n'est pas fait pour être celui du remâchement des culpabilités mal assumées ; son sens vrai est de récapituler, ramener dans une unité ordonnée et choisie le cours de son existence », afin de « faire de sa mort un acte par le consentement, sceller le sens de sa vie sans prétendre le déterminer, se confier aux autres et être accompagné par d'autres, inscrire la trajectoire de sa vie dans l'aventure spirituelle de l'humanité ». « Repos éternel et mémoire éternelle », pour reprendre les mots de Denis Malvy. Ou, pour conclure avec Rilke[1] : « Être ici est une splendeur. » Et chaque existence « eut son heure, peut-être moins, quelque chose entre deux instants à peine mesurables à l'échelle du temps – où elle exista. Pleinement. Les veines pleines d'existence ».

1. R. M. Rilke, *Les Élégies de Duino*, 1923.

Une société fraternelle pour la fin de vie

Éric de Moulins-Beaufort
Archevêque de Reims et président de la Conférence des évêques de France

Le débat national sur le sujet de la fin de vie à nouveau voulu par le président de la République après sa réélection et organisé par le gouvernement à partir du mois d'octobre 2022, quoi qu'il en soit du projet de loi qu'il servira à légitimer, aura rendu clair pour tous qu'un pays comme le nôtre devait encore investir massivement dans les soins palliatifs. Le traitement de la douleur est insuffisamment pris en charge, les médecins et les soignants en général y sont insuffisamment formés, la structure hospitalière n'a pas été assez transformée pour rendre possible le soutien aux personnes atteintes de grandes douleurs autant que les progrès du soin réalisés ces dernières décennies le permettraient. Nous espérons que les soins palliatifs bénéficieront pleinement d'une décision politique qui leur assure les moyens financiers et humains nécessaires pour qu'ils soient accessibles à tous, dans toutes les parties du territoire national, et pour qu'ils soient offerts selon la vérité de leur philosophie originale. Tout cela a été promis de tous côtés et était déjà décidé depuis la loi du 9 juin 1999 visant à garantir le droit à l'accès aux soins palliatifs. Nous le disons et le redisons avec force : les interrogations autour de la mort et de la fin de vie se poseront de manière bien différente dans une société qui aura pris les moyens réels d'accompagner chacune et chacun jusqu'au bout en soulageant autant qu'il est possible la douleur physique et psychique.

Cela étant posé, nous voudrions, conformément à ce qui nous a été demandé, nous concentrer ici sur l'ultime moment de la vie, un moment qui peut être instantané ou durer longtemps, des heures, des semaines, des mois, mais qui vient fatalement mettre un terme à la vie humaine, car, comme le dit le psalmiste : « Aussi cher qu'il puisse payer, toute vie doit finir[1]. » Nous voulons donc d'abord méditer en chrétien sur l'agonie de Jésus lui-même, en tirer ensuite quelques perspectives sur la manière catholique d'accompagner l'agonie

1. Psaume 40(49), verset 9.

et enfin recevoir de ce double regard quelque lumières sur la manière dont chacun pour sa part et la société entière peuvent, dans une société technicienne et aussi démocratique, envisager ce moment inévitable.

L'agonie de Jésus

Les quatre évangiles racontent ce moment. Il s'est produit dans le jardin de Gethsémani, à Jérusalem, au pied du mont des Oliviers, dans la vallée de la rivière Cédron. Ce n'est pas l'agonie d'une personne malade, mais le combat intérieur d'un homme en bonne santé qui s'apprête à être mis à mort par une condamnation religieuse et politique, en subissant ce que nous reconnaissons être des faits de torture. Le contexte est donc tout autre que celui qui occupe en ce moment notre société comme toutes ses homologues dites occidentales. Mais cet affrontement de Jésus avec la perspective de la mort a fortement impressionné les chrétiens et la culture que l'Europe chrétienne a déployée pendant des siècles ; il détermine aussi par conséquent certaines positions d'hommes et de femmes qui veulent, sur ce sujet comme sur d'autres, libérer l'humanité de ce qu'ils considèrent être l'emprise de l'Église ou de la religion.

Deux aspects de l'attitude de Jésus nous paraissent nécessaires à examiner. D'abord, Jésus ne veut pas mourir. Il ne regarde pas la mort, *sa* mort, comme une solution à la situation dans laquelle il se trouve. Moins encore envisage-t-il la mort de quiconque d'autre : il récuse toute velléité de ses disciples de se battre pour empêcher la troupe de mettre la main sur lui. Jésus s'inscrit ainsi dans une longue tradition d'Israël. Les livres bibliques varient dans leur présentation de la mort. On connaît l'élégie du Siracide qui s'approche de très près d'une sorte de résignation à la mort qui pourrait être un consentement à la condition irrémédiablement mortelle de l'être humain. Mais, même celle-ci, lue avec attention, se révèle être portée par la surprise devant le fait d'avoir à mourir. Jamais, dans les coins et recoins de la bibliothèque qu'est la Bible, la mort n'est regardée comme une fatalité pure et simple, un résultat mécanique du fait d'être né. Toujours, elle a l'aspect d'une promesse manquée, d'un engagement non pleinement tenu, de la mise en cause d'un don pourtant acquis ou encore de l'attente d'un meilleur. La Bible n'héroïse guère les morts, elle les espère vivants et plus que vivants, non par eux-mêmes, mais grâce à Dieu, par la puissance de Dieu qui est à l'origine de tout être et en qui seulement tout être humain trouve sa fin.

Cette attitude habite profondément Jésus. Il l'exprime, d'une manière en quelque sorte spontanée, dans un dialogue serré avec les Sadducéens, membres des familles des grands prêtres, qui, eux, s'étaient fait une idéologie de la disparition de l'individu, la survie du peuple comptant seule. À eux, Jésus répond en parlant de Dieu, le Dieu d'Israël, « Dieu d'Abraham, d'Isaac et de Jacob » : « Il n'est pas le Dieu des morts mais des vivants. Tous, en effet, vivent par lui[1]. » Dans le jardin de Gethsémani, Jésus ne se résigne pas à mourir comme un Socrate ou comme un samouraï de légende. Mourir n'est pas pour lui la fin de sa mission, ce n'en est même pas l'aboutissement. Sa mort n'est pourtant pas pure absurdité. Elle n'est pas l'échec de sa vie. Elle est transformée par le consentement en un acte personnel, un acte de sa personne, voulu jusqu'au bout, dont la force de vie perce l'inéluctable anéantissement de la mort.

Tel est le second aspect de l'agonie de Jésus qu'il nous faut contempler. « Mon Père, s'il est possible, que cette coupe passe loin de moi ! Cependant, non pas comme moi, je veux, mais comme toi, tu veux[2]. » Ces paroles de Jésus, répétées par trois fois selon les évangélistes, ont été maintes fois commentées. Ce n'est pas à la mort que Jésus consent, mais à la volonté du Père ; et le Père ne se réjouit pas de ce que son Fils meure, il espère qu'il obéira jusqu'au bout. Depuis le chapitre 22 du livre de

1. Évangile selon saint Luc, 20, 37-38.
2. Évangile selon saint Matthieu, 26, 39.

la Genèse – ce que les Juifs appellent la « ligature d'Isaac » et nous chrétiens, trop rapidement, le « sacrifice d'Abraham » –, l'univers biblique sait que le Dieu vivant ne veut la mort d'aucun être au bénéfice des autres. Il veut l'obéissance, parce qu'il peut alors faire passer une vie humaine à une vie que l'on pourra qualifier de plus haute ou de plus vraie. Une vie surtout plus vivante, ou vraiment vivante, une vie qui n'est pas rongée par la mort, mais rend de plus en plus vivants ceux et celles qui la reçoivent.

Jésus ne se résigne pas à la mort qui vient avec les tortures par lesquelles il lui faudra passer, il choisit d'obéir au Père – et en hébreu comme en grec, le verbe que nous traduisons en français par « obéir » est le même qui signifie « écouter ». La mort, la fin de la vie, ouvre sur une vie plus forte qui doit être reçue et non conquise, qui n'est pas un prolongement de la vie déjà vécue, mais son accomplissement, son intensification, la vie enfin pleinement vivante. Contrairement à ce qui est trop souvent pensé, les souffrances physiques de Jésus n'ont pas de valeur en elles-mêmes dans la grande œuvre du salut. Les conditions de la mort de Jésus sont celles des sociétés de son temps comme de nombreux temps, celles qu'impose un système social fondé sur la domination, et la domination par la violence, en l'occurrence celle de l'occupant romain, violence certes maîtrisée, néanmoins omniprésente. Dans le contexte biblique qui est le sien, les souffrances de Jésus ne sont comprises ni par lui ni par ceux et celles qui les infligent ou les regardent comme l'opportunité qui lui serait offerte de montrer sa bravoure, ainsi qu'il en était dans certaines tribus des peuples premiers d'Amérique du Nord. Ce qui importe est son consentement à être saisi, jugé et rejeté par les autorités d'Israël et par les autorités romaines parce qu'il y rejoint, en adhérant à la volonté du Père, le sort de tous les êtres humains et qu'il peut, lui et lui seul, le retourner en espérance de la vie plus forte encore à laquelle appelle le Père.

Ces deux aspects de l'agonie de Jésus – absence de résignation au fait de la mort et mort transformée en acte de consentement à une vie plus vivante – ont imprégné profondément la manière chrétienne d'accompagner les mourants.

L'accompagnement chrétien du mourant

Très tôt, les chrétiens ont été identifiés par le soin qu'ils portaient à ceux et celles qui allaient mourir ou qui étaient malades, leur donnant part à l'Eucharistie en leur faisant porter, par des ministres spécialement désignés pour cela, le pain consacré qui est le Corps du Christ et en les faisant bénéficier du sacrement du pardon et d'une onction d'huile bénie donnée par les prêtres. Ces trois secours apportés au nom de l'Église entière ont une signification claire : raviver chez le mourant ou le malade l'union avec le Christ de manière que son état de malade et sa mort ne soient pas que des fatalités mais un acte, non pas choisi mais consenti. En fait, le chrétien est invité à faire de sa mort le sceau de sa vie et l'occasion d'une remise à plus grand que soi, le préparant au jugement. Activité et passivité se mêlent ainsi : le mourant ou le patient s'unit au Seigneur Jésus, tout en se laissant aussi rejoindre par celui-ci et habiter plus profondément ; il accueille la mort qui est de soi une mauvaise surprise, *la* mauvaise surprise de la vie en un sens, et il la retourne en remise de soi au Père, à l'image et dans la force de Jésus ; il récapitule ainsi sa vie et consent à ce que sa vérité lui en soit donnée par le Tout-Autre, mesurée par celle de Jésus qui s'est approché au plus près de chacune et de chacun, partageant le sort de tous.

Aujourd'hui, l'image rêvée de la mort est celle de la mort qui survient à l'improviste, au milieu du sommeil ou dans une activité, atteignant une personne âgée mais encore valide et pleinement lucide. Pendant des siècles, on le sait, cela était la description même de la mort redoutée[1]. On espérait pouvoir mourir en regardant ce fait en face, en s'y préparant en disant adieu aux siens et en réglant ses dernières affaires, en demandant pardon et en

1. Voir P. Ariès, *L'Homme devant la mort*, Paris, Plon, 1960.

donnant le pardon lorsque cela était nécessaire. Cela se conserve dans une certaine tradition du « testament spirituel », chez les prêtres mais aussi chez des fidèles de tous états de vie, qui profitent de la vieillesse et de la clarté de l'esprit tant qu'elle dure pour concentrer en quelques lignes qui pourront être partagées le moment venu ce qui a animé leur vie, ce qu'ils ont cherché à vivre et ce dont ils ont essayé de faire le fond de leurs choix et de leurs pensées.

Un moment capital qui, lorsque c'est possible, se prépare dans une certaine durée, est celui du pardon donné et demandé. Cette démarche suppose que celui qui va mourir puisse faire mémoire de sa vie. Non seulement se souvenir des étapes de celle-ci, mais faire mémoire de la qualification de certains de ses moments, de la qualité de l'engagement de sa liberté dans tel choix, telle décision ou absence de décision. Le sacrement du pardon peut y aider : il peut prendre la forme d'une confession générale, manière de ressaisir le cours de sa vie en n'en restant pas à la surface des faits mais en reprenant par la mémoire vive l'élan intérieur par lequel on s'est laissé porter alors ou que l'on a tâché d'orienter. Ce moment n'est pas fait pour être celui du remâchement des culpabilités mal assumées ; son sens vrai est de récapituler, ramener dans une unité ordonnée et choisie le cours de son existence, le pas ultime étant de la remettre au Seigneur Jésus qui seul peut juger des reins et des cœurs et faire apparaître ce qui pourra être appelé « la vérité » d'une vie, ce que chacun a fait de ce qu'il a reçu, comment chacun a porté du fruit, du bon fruit qui réjouit ceux qui peuvent le récolter. L'image trop connue de la pesée des âmes, héritée de l'Antiquité par l'époque médiévale, ne doit pas tromper : plus que de la pesée minutieuse des actes pris un à un, le jugement de Dieu fait apparaître la fécondité d'une existence, sa fructification, ce que la sève de la grâce de Dieu a pu faire surgir de l'arbre qu'est chacune ou chacun dans son unicité.

La tradition chrétienne – et assurément la tradition catholique – connaît la veillée auprès du mourant, même glissant dans l'inconscience. Ses proches ou des membres de la communauté chrétienne l'accompagnent dans les dernières heures, en nourrissant leur prière des psaumes d'Israël – portés par des générations dans les synagogues et le Temple de Jérusalem tant qu'il a été là, dits par Jésus lui-même et avant lui par Joseph et Marie, et avec lui par les apôtres et tous ses disciples, en lesquels la vie humaine et l'histoire du peuple élu sont repris sous la forme de la supplication, de l'action de grâce ou de l'intercession. Ainsi, les dernières heures d'un homme ou d'une femme – son agonie – s'inscrivent-elles dans la totalité de la relation des humains avec le Dieu vivant. Le plus intime devient alors le plus personnel, ce qui relie un individu humain à l'histoire totale de l'humanité, vécue spirituellement, encore une fois non dans la succession des moments et des actions, mais dans la profondeur vécue à travers chaque acte où un consentement a été donné à la destinée totale de l'humanité (et non pas au destin) ou a été refusé ou esquivé. Le texte des psaumes y sert parce qu'il est la prière d'Israël devenue la prière des Heures dans l'Église. Cela apparaît mieux, bien sûr, lorsque le mourant est entouré de personnes, proches ou moins proches, ayant noué avec lui des liens d'affection et d'amitié, ces liens dévoilant, en ces derniers instants, leur réalité spirituelle.

Ces quelques composantes de l'acte de mourir chrétien – faire de sa mort un acte par le consentement, sceller le sens de sa vie sans prétendre le déterminer, se confier aux autres et être accompagné par d'autres, inscrire la trajectoire de sa vie dans l'aventure spirituelle de l'humanité – font apparaître suffisamment ce qui est menacé et peut-être déjà perdu dans nos sociétés technicisées et individualisées, ce qui pourrait l'être plus encore par le choix d'autoriser le suicide assisté et l'euthanasie, ce qui, aussi, pourrait être retrouvé, avec plus de force et de profondeur, et ce qui devra l'être d'ailleurs si nous voulons que l'humanité poursuive son histoire comme humanité et non comme espèce animale.

Pertes et gains pour nos sociétés techniciennes et démocratiques

Avant tout, il nous faut mentionner ici un phénomène de première importance qui marque profondément les discussions présentes et surtout le contexte concret de toute fin de vie : la solitude comme fait social. Il a toujours existé des personnes seules, mais rarement comme en ce début du XXIe siècle la solitude n'a marqué des existences concrètes. Qui accompagne ceux et celles qui restent seuls ? Qui les aidera à vivre ce temps de récapitulation, de remise de soi, d'inscription dans la grande histoire spirituelle de l'humanité ? Cet accompagnement ne peut pas reposer sur les seuls soignants. Or, le petit nombre des prêtres et des religieux et religieuses dans l'Église catholique a transformé ces dernières décennies la présence dans l'hôpital des aumôneries. Des chrétiens laïcs ont pris le relais et avec eux des aumôneries d'autres confessions chrétiennes, juives ou musulmanes se sont organisées. Cependant, il faut le noter ici, la crainte que certains bénévoles profitent, par projet ou seulement par maladresse, de l'affaiblissement des personnes en fin de vie pour exercer sur elles une pression indiscrète, comme la volonté que l'hôpital apporte à ses patients les aides nécessaires sans avoir besoin de recourir à des intervenants extérieurs, jointes aux précautions dues à la crise sanitaire, conduisent certaines structures à limiter l'accès des bénévoles aux patients. Les aumôneries s'en trouvent réduites à intervenir à la demande, ce qui supposerait que chaque personne entrant à l'hôpital soit en état de mesurer ses besoins, notamment spirituels, et de les anticiper.

Beaucoup a été dit et écrit sur les risques que l'éventuelle ouverture de la possibilité du suicide assisté ou de l'euthanasie feront courir à notre système de soins, aux professions de santé, au contrat social.

Nous voudrions ici, à la lumière des réflexions précédentes centrées à dessein, pour répondre à la commande faite, sur l'expérience chrétienne, nous concentrer sur un point : qu'ont à perdre nos sociétés si la mesure de sa vie était remise à chacun ? Car si l'attention s'est concentrée et se concentrera sans doute encore sur les cas très douloureux et complexes des personnes atteintes de maladies incurables, conduisant inéluctablement mais lentement à la mort, au prix d'une grande perte d'autonomie et de sens de soi, le cœur du défi posé à tout être humain est bien celui-là. Les promoteurs les plus déterminés des deux options mentionnées le savent bien : ils prétendent faire accéder l'humanité à un droit nouveau, une liberté nouvelle, celle de choisir le moment de mourir et d'y être aidé ou encouragé par la société entière, ce qui veut dire déterminer par soi-même le moment où j'estime que ma vie ne vaut plus d'être vécue et d'imposer ce jugement à tous les autres. La forte imprégnation technicienne de nos sociétés y appelle, c'est évident : face à toute difficulté doit exister une solution technique dont il est urgent de se doter afin de l'offrir à toutes et à tous. Ici, la technique médicale est évidemment engagée, celle qui permet d'établir des diagnostics de plus en plus certains, ôtant toute illusion d'un mieux possible, mais aussi la technique juridique, favorisant la construction d'un consensus éthique. Mais joue aussi, du moins à un premier regard, le caractère démocratique de nos sociétés : n'est-ce pas un pas en avant que de permettre à tout citoyen de décider pour sa propre vie, et non à un médecin ou un groupe de médecin et moins encore à d'obscures et archaïques réticences d'origine religieuse ?

Mais est-il si juste que chacune ou chacun soit le maître et la mesure de sa vie ? N'y a-t-il pas à réinvestir en régime démocratique quelque chose de l'acte de remise de soi et non de sommation de sa vie que la tradition chrétienne avait mis au point au long des siècles et instillé dans la culture occidentale ? Il n'est pas question, nous l'avons dit, de confondre cela avec la moindre complaisance à l'égard de la souffrance et de la douleur. Au contraire, celles-ci doivent être soulagées, autant qu'il est possible au génie humain. Mais mourir restera toujours une souffrance, pour celui ou celle qui s'approche de la mort, pour les siens et, en fait, pour l'humanité entière. Il doit toujours rester insupportable que l'un ou l'une de nous doive mourir, que l'humanité puisse continuer en étant privée de l'expression unique et irremplaçable qu'elle avait trouvée en tel ou telle. Personne ne peut déterminer à soi seul ce que sa vie représente, ce qu'elle apporte et ce qu'elle coûte à l'humanité entière.

Bien sûr, une société où chacun et chacune décidera de lui-même qu'il ou elle a assez vécu et qu'il ou elle ne souhaite pas aller au-delà pourra se munir d'une éthique forte, dans la ligne de la morale stoïcienne ou du code d'honneur des samouraïs. Elle définira des conditions précises dans lesquelles il sera admis de mettre fin à ses jours ou d'exiger que la société rende un tel acte possible. Mais une telle société serait une société d'individus dotés de droits égaux, dont celui de se retirer du jeu lorsque l'individu juge qu'il n'en vaut plus la chandelle. Elle ne sera pas une société fraternelle. Elle sera une société qui réduit la vie à l'utilité ressentie, pas une société où l'on s'aide à recevoir la surprise qu'est l'existence. Il n'est évidemment pas possible, dans une société démocratique et plurielle, d'exiger de tous et de chacun qu'ils remettent leur vie à plus grand qu'eux-mêmes, plutôt que de les récapituler par eux-mêmes. Que veut d'ailleurs dire récapituler sa vie ou s'ouvrir à une vie plus haute pour qui ne croit pas en Dieu ?

Mais une autre vision de la vie est possible, une vision que chacun peut investir des représentations qu'il veut, qui se laisse nourrir par la foi – ou la non-foi – de chacune et de chacun. Une société fraternelle est une société où chacun compte pour tous et où tous aident chacun à vivre tout instant qui lui est donné en en recevant la richesse. Elle ne se définit donc pas seulement ni même d'abord par une bonne organisation politique ou sociale, mais par la qualité des relations entre les humains et sans doute aussi avec les autres êtres. La maladie n'est alors pas seulement ce qui menace la vie de quelqu'un, qui bouleverse son image de soi, qui le prive de vivre ce qu'il vivait auparavant ; elle est aussi un appel à tous les autres pour accompagner un frère ou une sœur, lui faire sentir d'autant plus l'intensité des liens humains d'affection ou d'amitié, l'aider à accueillir les événements de la vie et même le dernier, celui de la mort, non comme ce que l'on construit, mais comme ce que l'on reçoit et qui nous appelle à tirer de nous et des autres des ressources inattendues, une capacité inespérée d'être vivant et de rendre vivants les autres alors même que l'on paraît privé de forces.

Face aux perfectionnements sans fin de la technique, une telle société doit clairement renoncer à l'acharnement thérapeutique ou à ce qui pourrait être qualifié d'obstination déraisonnable : la société fraternelle ne retient personne au seuil de la mort ; elle accompagne et aide à accueillir la mort comme elle vient, avec les drames qu'elle peut apporter, les chagrins qui l'entourent toujours. Une société fraternelle accepte de se laisser tirer vers ce qu'elle n'avait pas prévu, d'aider au-delà de ce qui est totalement planifiable, non seulement la personne malade ou en fin de vie, mais aussi la personne qui ne parvient pas à s'établir hors de la précarité ou l'immigré qui cherche un refuge pour lui ou pour les siens.

La loi sera votée. Nous verrons bien quelle en sera la teneur. Elle sera révisée tous les cinq ans, on ne sait trop pourquoi. Le défi pour les chrétiens sera encore et toujours de mieux accompagner celles et ceux qui vont mourir. Il sera de regarder en face le fait de la mort. Cela passe par l'acceptation de la vie comme elle se donne, ce qui ne signifie pas se résigner à un destin qui nous accablerait, mais appelle à croire qu'il est possible de transfigurer toute situation pour l'ouvrir de l'intérieur à ce qui peut nous y être donné, et pour y donner ce qui peut être exigé de nous. La vie humaine n'est pas mesurée par ce que nous en comprenons. Elle n'est pas notre construction. Elle n'est pas non plus une sorte de grande matrice universelle dans laquelle chacun serait contenu et étouffé. Elle est plutôt tissée des relations que nous créons et que nous parvenons à créer là où elles s'offrent et même là où elles se dérobent. Les chrétiens ne sont assurément pas seuls à vouloir vivre en respectant la surprise de la vie ou la vie comme un don ; mais, sachant à qui les humains doivent de vivre, ils ne peuvent que chercher à faire de leur vie vécue jusqu'au bout une action de grâce pour ce don si redoutable et si exaltant, le seul don à y bien réfléchir. Puissent-ils en aider beaucoup à aimer vivre et vivre jusqu'au bout en vivants.

Voici l'homme : la dignité jusqu'au bout

Véronique Margron
Théologienne, sœur dominicaine
et présidente de la Conférence des religieux
et religieuses de France

> « Il n'y a rien de si précieux que ce temps de notre vie, cette matinée infinitésimale, cette fine pointe imperceptible dans le firmament de l'éternité, ce minuscule printemps qui ne sera qu'une fois, et puis jamais plus[1]. »

Avant-propos : « Voici l'homme, voici votre roi »

C'est sous cette déclaration de Ponce Pilate, à l'heure de faire crucifier Jésus de Nazareth, que je souhaite placer ces quelques réflexions. Procurateur romain de Judée, se retrouvant à devoir décider du sort de Jésus, il constate que la foule paraît préférer que soit relâché le brigand Barrabas, et non Jésus le Nazaréen. Pilate va donc livrer Jésus pour qu'il soit crucifié. Le présentant à la foule, Jean

1. V. Jankélévitch, *Le Je-ne-sais-quoi et le Presque-rien*, Paris, Seuil, 1980.

l'évangéliste lui fait déclarer : « Voici l'homme, voici votre roi[1]. »

Comment, pour des chrétiens, ne pas méditer longuement sur cette parole ? En effet, Pilate dit – comme à son insu – la plus haute des vérités, lui qui s'interrogeait quelques versets plus hauts sur « qu'est-ce que la vérité ? ». Celle de l'humanité qui, condamnée, huée, abandonnée des siens, raconte « l'homme ». L'homme qui n'a plus apparence humaine, qui ne peut se défendre, qui est condamné, cet homme-là dit l'humanité. Celle sur laquelle nul n'a la main. Qui ne peut être ôtée.

Jésus, qui n'a plus apparence humaine après avoir été raillé, rejeté, flagellé, humilié, est notre dignité. Pas de surhomme, pas de star, pas de carrière époustouflante, pas de performance sensationnelle ; rien d'autre qu'un visage fatigué de souffrance, témoin que notre grandeur d'humanité, à chacun, est indéfectible. Douloureuse merveille : quand pour nous-même ou nos proches survient cette interrogation anxieuse : « Suis-je encore quelqu'un, suis-je toujours un humain appartenant au monde des humains ? » C'est ce Christ, totalement homme, qui la recueille et annonce, depuis la Croix, que rien ni personne ne peut nous faire quitter la condition de dignité, d'une humanité à respecter, à honorer.

1. Évangile selon saint Jean, 19, 5.

Entendons-nous bien, il ne s'agit nullement d'une ode à la souffrance dont le christianisme s'est trop longtemps fait le chantre. Il n'y a dans les évangiles aucune fascination pour le dolorisme, bien au contraire. La foi ne dit jamais : « Il te faut souffrir. » Les récits évangéliques sont d'ailleurs spécialement discrets sur la souffrance de la torture de la croix : ils n'en disent rien. Ce qui compte, c'est de raconter que tous, *disciples, juifs, païens*, ont participé de la violence *qui va mettre à mort Jésus.* Tous ont mené le combat contre le juste. Là est ce que le grand théologien Jean-Baptiste Metz nomme « la mémoire dangereuse de l'Église ». Se souvenir, de façon vive, que la foi chrétienne repose sur un homme qui fut défiguré par tous et condamné à une mort infamante. Elle repose non sur la souffrance, ni sur un surhomme, moins encore sur une sorte de perfection morale des croyants, mais bien sur la violence qui met à mort le fils bien-aimé, l'homme en faveur de tous. C'est sur le Golgotha, « lieu du crâne », monticule des exécutions, que se dévoile « la pierre qu'ont rejetée les bâtisseurs[1] ». La pierre inexploitable, inapte à la construction, est devenue pour le chrétien confessant l'axe du salut du monde. Une permanente et perpétuelle inversion de sens. C'est donc depuis ce lieu du témoin que je souhaite modestement

1. Psaume 118, 22.

penser la question de la fin de la vie qui, encore une fois, n'est pas celle d'une exaltation de sa souffrance, mais du témoignage d'une vie en faveur d'autrui ; jusqu'à la fin.

À travers ce « voici l'homme », se dit pour les chrétiens la fine pointe de la signification de la dignité, un substantif devenu trop souvent un mot-valise dont chacun use en fonction de son option. Alors tentons de remonter le fil.

De la dignité

Dans l'Antiquité – et cette signification garde encore sa pertinence dans nos sociétés modernes –, la *dignitas* est « le fait de mériter », également employée pour désigner les qualités qui font être digne d'estime, de considération, de prestige. Elle est aussi une fonction, un titre ou une charge qui donne à quelqu'un un rang éminent. Être élevé à la dignité de telle ou telle décoration, voire d'évêque... Cette approche souligne que le sentiment d'« être digne de » a souvent une dimension spéculaire en renvoyant d'une façon ou d'une autre au regard et aux attentes de personnes, de groupes qui sont supposés évaluer la façon d'être, de se conduire du candidat à la dignité, et qui, tel un miroir, renvoie la bonne ou la mauvaise image. Dans cette acception, la dignité se lie à l'honorabilité. Ce qui peut aussi dévier vers l'apparence, où la recherche de la bonne estime de soi-même serait attachée à une quête de prestige, d'honorabilité, qui peut être de façade.

Le sens de la personne

Une longue tradition philosophique occidentale s'est interrogée sur la *persona*, devenant peu à peu la catégorie permettant de tenir ensemble l'âme et le corps, le psychisme et la pensée. Les recherches ethnographiques de Lévy-Bruhl et Mauss permirent de prendre conscience que l'idée judéo-chrétienne et humaniste n'était qu'une représentation parmi d'autres ; l'approche anthropologique montrait ainsi que la notion de la personne est, au même titre que d'autres, un fait local de représentation tout en étant relié, déjà, à une question universelle : quels sont les attributs qui viennent signifier que l'homme est un être humain ? Selon l'étymologie commune, « personne » vient du latin *persona*, terme lui-même dérivé du verbe *personare*, qui veut dire « résonner », « retentir », et désigne le masque de théâtre équipé d'un dispositif spécial pour servir de porte-voix. Malgré les débats nombreux sur la justesse de cette étymologie – attribuée à Boèce au VIe siècle, mais attestée dès le IIe siècle –, il semble qu'une fois forgé, le terme va bien signifier le masque de scène, puis l'acteur, puis le personnage joué par l'acteur, le rôle. Des choses du théâtre, il est passé aux choses de la vie, c'est-à-dire au rôle social joué par le personnage.

Ce personnage et son rôle seront d'emblée considérés dans deux directions. Dans sa dimension sociologique, en référence aux institutions romaines : ce sens a fini par être codifié dans le langage des juristes, le droit romain nous donnant la notion de la personne juridique. Dans l'acception sociale et morale, il s'agit de remplir les devoirs de la charge, d'assumer la dignité requise par la fonction ou le statut. Cette acception verra la « moralisation » de la *persona*, l'apparition d'une éthique dont les stoïciens firent l'ébauche. Le christianisme prendra ensuite le relais en définissant la personne morale, en tant que sujet de droits et d'obligations dans l'ordre moral. Ainsi devient-on, par sa conduite, progressivement digne de respect, de parole. On peut donc perdre cette dignité acquise par des actes délictueux, immoraux. Mais on peut aussi la reconquérir par une nouvelle conduite plus vertueuse.

La signification « métaphysique » – et non simplement juridique ou morale – est venue d'un autre point de la culture. Ce sont les penseurs de l'école néo-platonicienne, les philosophes de la basse Antiquité (Porphyre, seconde moitié du IIe siècle), qui ont conçu l'idée de la « singularité substantielle ». Les chrétiens ont repris cette idée et la *persona* s'est mise à désigner le principe ultime d'individuation : à savoir ce qui singularise chacun d'entre nous, ce qui le singularise « par nature », de façon substantielle et non accidentelle (comme son rôle dans la société). Ainsi, l'idée d'une personnalisation n'est pas une idée récente, mais préchrétienne, reprise par les chrétiens, exaltée par les modernes. La personne est devenue liberté d'être, capable de s'auto-créer, de définir son projet de bonheur et les moyens d'y parvenir.

Les chrétiens ne sont pas les inventeurs de la *persona*, mais ils ont été ses défenseurs ; en particulier lors des controverses trinitaires et christologiques qui ont contribué à vulgariser ce concept. Surtout, ils l'ont mis en pratique, en le liant aux idées de charité, de fraternité, d'égalité de tous devant Dieu. Jusqu'au christianisme, la notion de personne ne concernait que les personnes d'importance, celles qui dans la société jouaient les premiers rôles. À partir de lui, tout homme, toute femme, l'enfant lui-même, ont eu droit à la même considération, à l'« éminente dignité de la personne ».

Cette approche de la notion de personne, valorisée et universalisée par le christianisme, permet de mettre en valeur ce qui me paraît au cœur du croisement entre réflexion éthique et enjeu croyant, la signification de la dignité de la personne humaine, tout à la fois totalement singulière et appartenant en même temps au particulier d'un monde, d'une culture, d'un milieu, d'une Église pour les chrétiens et à l'universel de la condition humaine. C'est la tension entre ces pôles qui assigne à l'interrogation incessante sur la mise en œuvre concrète de la dignité au travers de la diversité des situations historiques rencontrées, dont celle de la fin de l'existence.

La dignité est inconditionnelle et liée à la personne, non à ses qualités et à sa capacité à agir, être autrice et actrice de son existence. Je ne suis pas l'auto-entrepreneur de mon existence, où la vie ne serait qu'occasions de se délier, de s'accomplir et se projeter. Tout cela compte. Mais importe tout autant ce à quoi j'ai dû consentir sans le choisir, mes appartenances, les événements de mon existence qui furent imposés par le réel, dont l'inéluctable mort de proches. La dignité s'impose à l'autre, lui enjoignant à l'égard du souffrant de se rendre présent depuis son humanité.

De la transcendance dans le dénuement

> « La transcendance du transcendant se laisse dire dans le dénuement[1]. »

« C'est l'heure hora ! Tout à l'heure il sera trop tard, car cette heure ne dure qu'un instant. Le temps se lève, c'est maintenant ou jamais. Ne

1. E. Levinas *in* « Entretien à France Culture », *Éthique et infini*, Paris, Le Livre de poche, 1984.

perdez pas votre chance unique dans toute l'éternité, ne manquez pas votre unique matinée de printemps[1]. » Dans *Si c'est un homme*[2], Primo Levi raconte sa relation de détenu de camp avec Lorenzo, ce civil italien qui travaille avec les prisonniers et qui lui apporte tous les jours une gamelle de soupe ; sans cause évidente, sans raison apparente, sans intérêt personnel, simplement parce qu'il est un homme. Et Primo Levi d'écrire : « À lui, je dois de ne pas avoir oublié que moi aussi j'étais un homme. C'est à Lorenzo que je dois d'être encore vivant aujourd'hui, pour m'avoir constamment rappelé qu'il existait encore, en dehors du nôtre, un monde juste, quelque chose d'indéfinissable, comme une lointaine possibilité de bonté, pour laquelle il valait la peine de se conserver vivant. » La dignité humaine est radicalement en jeu dans la relation sans calcul et désintéressée où Lorenzo s'engage au péril de sa vie. Il manifeste combien il suffit que l'autre ne puisse pas vivre en homme pour que l'homme en moi se trouve nié et ainsi privé de respect qui lui est dû. Emmanuel Mounier dit, à propos de sa fille Françoise dont une encéphalite avait atteint la raison et qui n'avait plus que le visage de l'absence : « Maintenant il apparaît que nous devons durer ensemble, Françoise, notre petite fille,

1. V. Jankélévitch, in *Philosophie Première. Introduction à une philosophie du presque*, Paris, PUF, 1968 (1954).
2. Trad. par M. Schruoffeneger, Paris, Julliard, 1987.

nous sentons une nouvelle histoire intervenir dans notre dialogue. Résister aux forces faciles de la paix signée avec le destin, rester ton père, ta mère, ne pas t'abandonner à notre résignation, ne pas nous faire à ton absence, à ton miracle. Te donner ton pain quotidien d'amour et de présence, rester avec toi. Peut-être faut-il nous envier cette paternité tâtonnante, ce dialogue inexprimé, plus beau que les jeux habituels[1]. »

Voilà des lieux de limites où la raison comme la foi sont mises à l'épreuve ; où, surtout, nous sommes convoqués, *a fortiori* les croyants, à signifier une inaltérable dignité qui pointe vers le mystère même du cœur de l'homme et du cœur de Dieu. Cette manière de refuser la violence constitue le premier pas de la démarche éthique. « Toute libération de l'homme est libération pour une vie sensée, liberté poétique de créer un monde dans lequel l'homme ne puisse pas seulement vivre, mais vivre en donnant un sens à sa liberté, enfin rendue possible afin qu'il pense, qu'il dise un monde, son monde, soi-même, soi-même dans ce monde [...] comprendre ce qu'ils font, ce qu'ils doivent vouloir s'ils ne veulent pas être des brutes[2]. »

Dans ces lieux de limites, comment l'homme apprend-il à tenir, d'une part, l'affirmation de sa

1. E. Mounier, in *Esprit*, décembre 1950, p. 1010.
2. É. Weil, « La Violence », p. 84-86, in *Essais et Conférences*, Paris, Beauchesne, 1970, 1971.

grandeur *via* l'affirmation de son intelligence et, d'autre part, l'attestation de son intangible dignité *via* la reconnaissance de la fragilité de sa condition charnelle ? « L'humain commence dans la sainteté avec comme première valeur ne pas laisser le prochain à sa solitude, à sa mort. Vocation médicale de l'homme[1]. » Tel est ce qui doit nous guider dans notre réflexion je crois. Ne pas laisser l'autre à sa mort, seul ; à une désolation. Il importe de nous souvenir ici une fois encore des impératifs kantiens : « Agis suivant une maxime qui puisse en même temps valoir comme loi universelle[2]. » Puis-je, par exemple, faire une promesse avec l'intention de ne pas la tenir ? Puis-je expérimenter sur un être humain, prélever les organes d'un cadavre sans m'en tenir scrupuleusement à ce qui est susceptible de recueillir le libre consentement des personnes concernées ? Puis-je décider de sa mort « pour son bien » ? « Agis de telle sorte que tu traites l'humanité aussi bien dans ta personne que dans la personne de tout autre, toujours en même temps comme une fin et jamais simplement comme un moyen[3]. » L'homme est au-dessus de tout prix. Sans prix.

1. E. Levinas, in *Médecine et éthique. Le devoir d'humanité*, dir. E. Hirsch, Paris, Le Cerf, 1990, p. 46.
2. E. Kant, in *Fondements de la métaphysique des mœurs*, Paris, Delagrave 1973 (1785), p. 449, 468, 661, 663.
3. *Ibid.*

Que je le veuille ou non, je suis compagnon du genre humain, son universalité me constitue, mes actes l'engagent. La philosophe Laurence Devillairs fait avec raison l'équivalence entre dignité et humanité. L'humanité – ou la dignité donc – est un absolu non négociable. L'humanité de l'homme concret est inconditionnelle. Quels que soient son état, sa santé, sa culture, son sexe, ses capacités et ses actes. Personne ne peut la lui enlever. Parler de dignité, c'est affirmer que la personne humaine ne peut faire l'objet de négociation et être considérée comme plus ou moins digne. Elle est marquée d'une dignité inaliénable, par le seul fait d'être au monde. Pas plus. Pas moins.

Une dignité progressive pour honorer la dignité principielle

> « Menez une vie digne (*axios*) de l'Évangile du Christ. » (Ph 1, 27 ; 1 Th 1, 12)[1]
> « Qui ne se charge pas de sa croix et ne me suis pas n'est pas digne de moi. » (Mt 10, 38)

Dans les citations du Nouveau Testament où apparaît l'adjectif « digne », celui-ci évoque avant

1. « Je vous exhorte donc, moi, le prisonnier dans le Seigneur, à marcher d'une manière digne (*axios*) de la vocation qui vous a été adressée », Éphésiens 4, 1.
« Seulement, conduisez-vous d'une manière digne (*axios*) de l'Évangile du Christ… », Philippiens 1, 27.
« Marchez d'une manière digne (*axios*) de Dieu, qui vous appelle à son royaume et à sa gloire », 1 Thessaloniciens 2, 12.

tout la dignité progressive, une dignité éthique, spirituelle, puisque le grec *axios* se dit de celui qui a mérité quelque chose, qui est digne, conforme, juste. Il s'agit d'être dans les pas du seul maître, le Christ, de vivre selon ce qui l'a fait vivre. Être digne de la dignité du Christ, c'est le suivre, ouvrir avec lui un exode, une marche de libération, de don envers tous où se retourne la symbolique de la croix dont nous parlions à l'ouverture de ce chapitre. Elle qui était un scandale aux yeux de tous les dignitaires devient le signe de la vérité de Dieu : non une toute-puissance, mais un don sans mesure, en faveur de tous et pour la vie de chacun.

La question se déplace alors, car ce n'est plus la dignité du sujet souffrant qui est en jeu, puisqu'il est digne d'une dignité imprenable, inconditionnelle, mais celle de la communauté des humains qui l'entourent. Celle-ci est-elle digne, par ses actes, d'être humaine ? Qu'est-ce qui fait d'une communauté un lieu d'humanité, sinon la réalité du soin prodigué aux plus fragiles, là où il n'y a plus d'autre intérêt que l'humain même, notre coappartenance ? L'humanité de l'autre fait la mienne. L'article premier de la Déclaration universelle des droits de l'homme de 1948 affirme que « tous les êtres humains naissent libres et égaux en dignité et en droits ». Son préambule soulignait déjà : « La reconnaissance de la dignité inhérente à tous les membres de la famille humaine et de leurs droits égaux et inaliénables constitue le fondement de la liberté, de la justice et de la paix dans le monde. » Ne pas laisser l'autre à sa solitude et sa mort, à sa désespérance.

Ainsi la question n'est-elle pas tant la dignité de l'humain – car il est digne par le seul fait d'appartenir à l'humanité –, mais la dignité morale d'une société selon qu'elle rend possible ou non des conditions dignes d'une existence toujours digne en elle-même. Qu'est-ce qui nous rend dignes d'être une société humaine, sinon cette proximité, ce respect, cette attention active aux femmes et aux hommes dont le souffle s'en va ?

Là est la question primordiale, au-delà ou en-deçà des sensibilités philosophiques, religieuses, politiques. Quand des milliers de familles dorment dans nos rues, ou que nous commençons à insinuer par nos politiques publiques que d'autres – trop âgés, trop dépendants, trop « ailleurs » de notre raison raisonnante – pourraient nous coûter trop cher, c'est nous qui perdons notre dignité morale.

La qualité de la vie sera toujours de l'ordre de l'indécidable. Mais la qualité du geste, de l'attitude qui est la nôtre face et en faveur de la réalité – aussi mystérieuse et ténue soit-elle – de l'autre homme importe. Attester de sa dignité, c'est se tenir à ses côtés, compagnon d'humanité, jusqu'à la fin et ne jamais minimiser son intériorité. Ce lieu où nul autre ne peut se tenir et où chacun cherche

– confusément ou non – un sens, un goût à son existence. Nul ne peut dire qu'en cet endroit, le sujet n'y serait plus sous le motif qu'il n'est plus accessible à notre langage et nos schémas d'interprétation. Comme l'écrit Frédéric Boyer, « la lente déchéance de ma mère est digne d'amour. Follement digne d'amour. Jusque dans son expression cocasse et infirme. Je veux dire que lorsque nous parlons un peu inconsidérément du "sens de la vie", nous oublions de dire que nous avons à le penser, et surtout à le vivre, jusque dans la détresse et le non-sens. Et c'est peut-être quand nous sommes enclins à décider que la vie n'a plus de sens que l'on doit faire l'effort de trouver du sens là où nous préférerions ne pas en trouver. Notre humanité est à ce prix[1] ».

Une éthique de la finitude

Le débat de notre société sur la fin de la vie renvoie de fait à l'acceptation, ou non, d'une éthique de la finitude. Cette dernière accepte l'existence des incertitudes irréductibles qui affectent en profondeur la vie morale des humains en même temps qu'elle assume radicalement les valeurs de l'éthique de la discussion, de la conversation qui considère l'humain comme un être de réciprocité dialogale et propose ses balises intersubjectives pour limiter

1. F. Boyer, « Un soudain vouvoiement », *La Croix*, 18 juin 2023.

l'arbitraire des décisions. L'éthique de la finitude consent encore à la tension vive entre la conscience morale autonome et la norme indispensable – ce qui la rend d'autant plus vive et lucide sur le fait qu'elle ne pourra éviter, dans des situations d'impasse morale, de peut-être transgresser la lettre de cette même norme. Bref, cette éthique souligne la solitude morale de chacun et consent à ne pas pouvoir dominer et contrôler les événements, à vouloir tout maîtriser.

Enfin, elle mesure la grande complexité qui traverse chacun de nous, nos ambivalences aussi et combien la seule raison ne peut en rendre compte. Nous avons des désirs contradictoires, des aspirations mêlées d'angoisse, de lassitude, de détresse, des indicibles, comme la crainte de peser sur les nôtres ou la société, mais aussi l'espoir secret que quelqu'un nous dise que nous comptons toujours. Penser que tout se dit ou pourrait se dire par une volonté claire est en grande partie un leurre. Plus nous sommes fragiles, voire en précarité d'existence, plus cela est vrai. La vérité de l'humain est toujours, ce faisant, dans une conversation qui ne finit pas, du cœur des mélanges affectifs et des contradictions inhérentes à l'existence singulière et assumées. Là est bien une qualité de soin d'humanité, médicinale en quelque sorte et non seulement médicale, si l'on veut ne pas réifier celle ou celui – unique – qui va vers sa mort.

Une éthique de détresse et de promesse

Face à la fin de la vie, que peut-on alors espérer comme éthique, comme orientation ? Je pense qu'il s'agit d'une tension féconde et indispensable entre la détresse et la promesse. Quelqu'un peut-il, dans une société démocratique comme la nôtre, s'arroger un « droit à mourir » ? Je pense que non. Pas plus qu'il ne pourrait déterminer un « droit à vivre ». Les abus de droit ne seraient alors pas loin. Ils sont d'ailleurs amplement dénoncés par nombre d'intellectuels, de soignants, d'associations de patients.

Mais il y a place à prendre en compte le tragique de l'existence, son caractère indécidable, car la vie humaine ne peut être régie par les seules lois de la cité des hommes. Le tragique, c'est alors la façon de répondre au déchirant de la vie : nous ne savons pas et le droit ne peut prétendre tout décider. Peut-être que, parfois, prétendre savoir est trop savoir – ce qui est bon pour l'autre, ce qu'est sa dignité, sa souffrance, son désir. Pourrions-nous nous dire que, radicalement, *nous ne savons pas* ? Paul Ricœur demandait : « Sommes-nous si au clair avec nos propres désirs de mort pour en parler non seulement avec compétence mais honnêteté ? » Sens encore d'une éthique de la finitude.

Le risque de légiférer est alors de nous assécher, de nous aseptiser un peu plus devant le tragique de la mort de l'autre. Car la question n'est pas celle du mal et du bien, mais de consentir à cet indécidable humain qu'il serait déraisonnable de vouloir arraisonner par le droit. Cet indécidable fait face alors à l'intime de la conscience – personnelle ou collective du patient, d'une équipe soignante et des proches. Dilemme des consciences que nulle loi ne peut réduire sauf à y perdre quelque chose de notre humanité en sa plus haute dignité, justement : consentir à se tenir là, en cet inconfort majeur. Si droit il y a, c'est alors, à mon sens, pour offrir, assurer et garantir un cadre délibératif strict et transparent qui peut conduire à des décisions extrêmes du sein d'une « éthique de détresse[1] ». Car « si l'éthique de détresse est confrontée à des situations où le choix n'est pas entre le bien et le mal, mais entre le mal et le pire – même alors le législateur ne saurait donner sa caution ».

Entre les deux paroles bibliques fondatrices : « Tu ne commettras pas de meurtre » – qui peut mener à une obstination déraisonnable – et « Tu aimeras ton prochain comme toi-même » – qui pourrait donner à penser que l'on justifie l'aide à mourir dans des cas extrêmes comme figure de l'action bonne –, les frontières du bien sont incertaines. C'est alors à une conscience modeste, toujours incertaine mais aussi éclairée que possible et en conversation, qu'il

1. Paul Ricœur, *Histoire et vérité*, Paris, Seuil,1955 ; Paul Ricœur, « Accompagner la vie jusqu'à la mort », *Esprit. La pensée Ricœur*, mars-avril 2006, p. 316-320.

s'agit de se référer, dans le cadre de cette éthique de détresse. Comme le note Jankélévitch, « si la prolongation de la vie ne peut être indéfinie, la date de la mort [...] reste indéterminée, et cette indétermination, qui autorise toutes les espérances, est le fondement de la déontologie médicale. Si tard que la mort intervienne, elle arrive toujours trop tôt. En d'autres termes, pour faire mourir un mourant plus qu'aux trois-quarts mort, pour faire mourir un mourant à peine vivant, et cependant bien vivant et même irrécupérable [...], une distance infinie reste à franchir[1] ».

Une éthique de détresse qui ne peut se comprendre sans être tendue, soutenue, par une *éthique de promesse.* La foi chrétienne vit d'une promesse tenue. Celle d'un Dieu qui a libéré son peuple du pays de servitude. Celle d'un Dieu qui s'est fait l'un des nôtres et a aimé sans mesure. Celle d'un Dieu qui demeure présent par des femmes et des hommes qui le cherchent, se font ses témoins, maladroits mais intègres.

Comment soutenir l'existence sans promesse ? Nos vies, comme nos sociétés, ne peuvent vivre sans promesses suffisamment tenues : celles d'être accueilli, respecté, éduqué, protégé, de devenir citoyen... Aucune de ces promesses n'est tenue intégralement. Mais la communauté des hommes

1. V. Jankélévitch, *La mort*, Paris, Flammarion, 1977, p. 282-283.

se délite quand elles sont si peu tenues… Il s'agit bien de déployer une éthique de la promesse que l'autre ne sera pas abandonné. Que seront honorés sa complexité, ses ambivalences, sa parole ou ses silences, sa singularité et sa dignité inaliénable. « L'inconnu de la mort signifie que la relation même avec la mort ne peut se faire dans la lumière ; que le sujet est en relation avec ce qui ne vient pas de lui. Nous pourrions dire qu'il est en relation avec le mystère[1]. » Promesse qu'il ne sera ni délaissé ni considéré comme un parasite par son âge, son handicap, son trop d'altérités.

Il y a une quasi-transcendance de la promesse, comme une transcendance de chaque homme qui demeure un mystère. Elle ne supporte aucun préalable, qualité, éducation, moralité, compétences, etc., puisque tout son sens est d'ouvrir un espace d'infini respect. Nous devons attester de l'humain, car du genre humain il est et sera jusqu'en sa mort. Nécessaire prise en charge de l'existence de l'autre en toute son épaisseur, à travers la sollicitude, la proximité, l'attention au corps, à la vie qui souffre et peine. Le faire c'est, au creux des ambiguïtés de toute vie humaine, signifier l'espérance chrétienne où s'inscrit l'impératif de la générosité.

Promesse performative – qui accomplit ce qu'elle dit – et prescriptive – qui requiert l'exigence du

1. E. Levinas, *Le temps et l'autre*, Paris, PUF, coll. « Quadrige », 1983, p. 56.

respect. La dignité des femmes et des hommes qui ont la chance d'être debout, de pouvoir agir, aimer, décider, c'est de tenir la promesse de combattre toutes les puissances de déliaison à l'œuvre dans la société et particulièrement lors la fin de la vie.

Permettez-moi de conclure sur cette méditation saisissante de Frédéric Boyer, toujours à propos de sa mère. Elle récapitule le fondamental : vivre son humanité pour rien d'autre qu'être présent à ce qui arrive, que nous ne pensions pas pouvoir supporter. Bouleversante et authentique dignité des vivants et des mourants. Une grâce.

> Alors tu me souris. Quelque chose advient d'imperceptible. Un très léger vent de grâce dans le crépuscule. La grâce est la réponse à une demande que nous ne formulons pas, une réponse à une question impossible qui nous déchire. Un don ou un secours gratuit qui nous est proposé dans toute la fragilité de ce qui s'offre à nous sans demande. C'est ainsi, me suis-je dit alors, que je devais accepter la situation non pas "sans issue" comme je pouvais le penser si souvent en venant voir ma mère, mais précisément gratuitement, sans chercher d'autre issue que la gratuité du don d'amour au cœur de cette situation. Et en dépit de cette situation. L'expérience de cette grâce est un peu différente de ce que j'ai pu apprendre en théologie. Elle ne rachète rien ni personne et n'est pas

la condition nécessaire pour nous faire agir mais plutôt le secours inattendu qui nous fait accepter ce que nous pourrions refuser, ou accueillir ce que nous ne pensions pas pouvoir accueillir.

Cette grâce en réalité est une présence dans la désorientation, une présence dans l'absence, quand nous-mêmes doutons de notre propre présence à autrui. Ou de son efficience. Cette grâce n'est pas précisément l'efficacité d'un secours supérieur mais la toute présence abandonnée et gratuite jusque dans la nuit ou le doute.

Et tant que cette petite grâce-là se montrera dans un sourire, une parole, un geste, même le plus simple ou le plus insignifiant des gestes, jusqu'aux limites confuses, tremblantes, de notre humanité, nous resterons ensemble. Nous vivrons notre humanité. Morts et vivants. Blessés et valides. Désespérés et courageux. Et dans la grâce qui se tient au plus près de nos abandons et de nos absences[1].

1. F. Boyer, « Une grâce dans l'abandon », *La Croix*, 9 juillet 2023.

La dignité et le libre-choix

Christian Krieger
Pasteur et président de la Fédération protestante de France

Depuis l'avis 139 du Comité consultatif national d'éthique du 13 septembre 2022, la question de l'aide active à mourir est inscrite à l'agenda de la décision politique en France. Cette évolution du cadre législatif constituerait une réelle rupture civilisationnelle et anthropologique. En effet, ce dernier interdisait jusque-là la perspective du don intentionnel de la mort (suicide assisté et euthanasie) et concentrait les efforts sur le traitement de la souffrance et le confort du citoyen en fin de vie. Ce basculement est envisagé au nom d'une demande sociétale de plus en plus forte. Dans le contexte d'un processus de libéralisation des sociétés occidentales, les digues éthiques, culturelles et convictionnelles, qui depuis des décennies ont façonné notre société, cèdent progressivement les unes après les autres devant les revendications grandissantes de droits sanctuarisant les libertés individuelles. Pour cette contribution, je ne reviendrai pas sur la nécessité de développer une réelle culture de soins palliatifs auprès de tous les soignants ni sur le besoin en France de mobiliser les moyens d'une offre à la hauteur des besoins : cette demande est au cœur du plaidoyer protestant depuis des années et fait aujourd'hui consensus[1]. Dans un premier point, je me propose d'évoquer les motifs qui sous-tendent l'actuelle montée de la demande euthanasique, avant, dans un second point, d'esquisser les repères éthiques qui structurent la réflexion théologique des protestants, pour, en conclusion, développer comme une interpellation protestante quelques réflexions sur le défi de légiférer sur une question qui relève d'abord de l'intime.

Les motifs de la demande croissante en faveur d'une aide active à mourir

De manière répétée, les sondages attestent la demande croissante d'une grande majorité

1. Cf. la contribution de la Fédération protestante de France au débat sur la fin de vie publiée en avril 2023 sous le titre « Pour d'avantage d'humanité en fin de vie, interpellations protestantes » : https://www.dropbox.com/s/chpezscv5ft3ow0/230329%20fin%20de%20vie.pdf?dl=0

de Français pour une évolution de la loi créant un droit d'accès à l'aide active à mourir. Cette tendance reflète l'évolution de la société. Elle est conditionnée par de multiples facteurs, culturels, sociétaux, économiques, mais aussi existentiels, convictionnels et philosophiques. Il convient de les distinguer, car chaque motif appelle des réponses spécifiques. En effet, l'aide active à mourir à elle seule ne saurait constituer la juste réponse à la diversité et la complexité des motifs qui conditionnent la demande d'une évolution de la législation en France.

Les motifs relevant du personnel et de l'intime

Le sondage réalisé en octobre 2022 par l'IFOP évalue à 94 % le taux de citoyens français considérant que la loi française devrait autoriser les médecins à mettre fin, sans souffrance, à la vie de personnes atteintes de maladies insupportables et incurables si elles le demandent[1]. Ce taux indique à lui seul que l'un des premiers motifs touche à la question de la souffrance – d'abord la souffrance physique, mais également psychologique. Il convient d'admettre que, malgré les remarquables progrès de la médecine durant les dernières décennies dans le traitement de la douleur, un faible taux de patients, évalué à

1. Cf. https://www.ifop.com/publication/le-regard-des-francais-sur-la-fin-de-vie-4/

environ 3 % malgré des soins palliatifs adéquats, continue de souffrir de douleurs réfractaires. Cette douleur peut être accompagnée d'une souffrance psychologique provoquée par les agressions et les limitations causées par la maladie. Les contraintes et la dépendance que peuvent occasionner une maladie ou un handicap représentent très souvent une réelle souffrance, notamment quand l'horizon d'une existence a, jusque-là, été fait de liberté, d'autonomie, de prouesses et de succès. Cette souffrance psychologique peut demeurer bien vive – quand bien même la douleur est efficacement traitée. Il est compréhensible qu'une très large majorité de nos contemporains ne peut envisager de vivre sous les contraintes de la souffrance, qu'elle soit physique ou psychologique.

Il nous faut – et j'inclus les religions dans ce nous – très humblement accueillir et respecter la volonté ainsi exprimée de ne pas connaître une vie faite de souffrance. La souffrance n'a aucune valeur morale. Elle n'est pas une culpabilisante punition divine dont l'objet serait de corriger ou d'éduquer l'humain. Elle n'a aucune valeur salvifique susceptible de mobiliser l'indulgence divine. Elle est ni plus ni moins qu'un élément non souhaitable de cette condition humaine qu'il nous faut faire nôtre. À ce titre, les religions ne peuvent qu'admettre que les gouvernants cherchent à établir un cadre législatif qui propose des modalités thérapeutiques répondant à la situation des douleurs réfractaires aux traitements.

Un second motif, intimement lié au précédent, est la question de la dépendance. En effet, les contraintes et les limitations causée par certaines maladies peuvent progressivement diminuer les capacités d'une personne et entraver son autonomie. Dans une société fondée sur la performance et l'efficacité, qui tend à ignorer la fragilité, la perte d'autonomie peut s'avérer insupportable parce qu'humiliante. Le deuil des potentialités perdues peut être vécu comme un empêchement majeur à investir une vie limitée. Accepter la dépendance à un proche, aux siens, à une équipe soignante, y compris pour des gestes simples relevant de l'intime, représente une réelle épreuve. Le sentiment de représenter un fardeau pour les autres qu'énoncent parfois nos aînés traduit la prise de conscience d'une autonomie limitée, voire d'une dépendance. C'est conscient que toute aide ou assistance à autrui s'effectuait irrémédiablement dans le cadre d'une certaine asymétrie que William Booth, le fondateur de l'Armée du salut, avait confié sur son lit de mort une pensée qui résonne comme une sagesse universelle : « Il nous faut aimer ceux que nous aidons, afin qu'ils puissent nous pardonner de les avoir aidés. »

De fait, la dépendance physique et/ou psychique couplée à la perte de l'autonomie interroge la société dans laquelle nous vivons en nous posant à tous la question de la nécessaire interdépendance entre humains et de la solidarité envers les plus faibles et les plus vulnérables. Solidarité familiale tout d'abord, mais également solidarité sociétale d'une République qui énonce la fraternité comme promesse à chaque citoyen. Il serait incongru que le droit au suicide assisté soit en quelque sorte le coussin de paresse d'une « société des individus » qui peine à développer une culture de la solidarité et de l'entraide, là où les liens familiaux distants abandonnent nos aînés à leur solitude.

Les motifs ouvrant à la philosophie de l'existence

L'épreuve de la souffrance et celle de la dépendance posent immanquablement la question du sens de la vie, et ouvrent de fait à la réflexion philosophique. Existe-t-il des situations où vivre ne fait plus sens ? Où la vie ne serait plus digne d'être vécue ? Où mourir dignement serait préférable à une vie estimée indigne ? Partisans et opposants à l'aide active à mourir mobilisent le sujet de la dignité dans leur argumentaire. Pour les uns, mourir dignement est revendiqué comme un droit humain. Pour les autres, toute vie est digne par essence et ne saurait perdre cette qualité.

Le protestantisme et le christianisme plus largement s'inscrivent dans la perspective de cette seconde option. Ils affirment que la dignité est intrinsèque à toute personne parce que créée à l'image de Dieu ; elle ne s'acquiert ni ne se perd. L'identité d'une personne ne réside pas d'abord dans le regard qu'elle porte sur elle, mais dans le regard que d'autres posent sur elles, et particulièrement cet Autre qu'est Dieu. Cette conviction fait affirmer que toute vie, particulièrement la plus fragile, a un caractère inestimable, une qualité imprenable, une valeur inaliénable.

Cette conviction n'ignore pas la réalité du sentiment subjectif d'indignité. Il est un fait que des personnes jugent leur situation incompatible avec leur dignité, notamment quand elles estiment être arrivées à un stade où, selon les propos de Friedrich Nietzsche, « il est indécent de continuer à vivre » parce qu'une « existence végétative, à la merci des médecins et des appareils, a perdu toute sa signification et son droit[1] ! ».

Toutefois, lier la dignité aux potentialités d'une personne – à sa capacité de faire, de produire, de consommer, voire de choisir – engage une conception utilitariste de l'existence et par conséquent nie la valeur essentielle et fondamentale de toute vie. Avant toute autre mesure, le sentiment de perte de sa dignité qu'un être humain peut éprouver,

1. F. Nietzsche, *Crépuscule des idoles*, trad. par J.-C. Hémery, Paris, Gallimard, coll. « Folio/Essais », 1988 (1889), p. 78–79.

convoque la sollicitude de ses semblables. Il appelle une présence, ainsi qu'une écoute attentive et respectueuse susceptible de mobiliser ce regard qui reconnait et rend manifeste, pour une personne donnée, la dignité fondamentale de sa vie. Une solidarité humaine que le cadre législatif se doit de favoriser et de garantir !

Les motifs relevant du sociétal et du politique

Les facteurs sociétaux et politiques qui sous-tendent la montée de la demande d'aide active à mourir sont multiples : vieillissement de la population, solitude, insuffisante offre de prise en charge du grand âge, crise du système de soin, absence de culture de soins palliatifs, large méconnaissance de la loi Claeys-Leonetti, enjeu économique...

Un motif mérite d'être discuté brièvement : l'autonomie du sujet au sein de la société. Le terme « autonomie » est ici utilisé dans son sens étymologique « d'être régi par ses propre lois ». Considérant le choix du cinéaste Jean-Luc Godard, qui, âgé de 91 ans et se sentant épuisé, a organisé sa mort en ayant recours au suicide assisté en Suisse, il convient d'envisager la question de l'autonomie en faisant abstraction de toute pathologie. En effet, un sujet bien portant peut estimer, pour des raisons qui lui appartiennent, avoir été comblé par la vie, ou en tout cas ne plus rien en attendre et, à ce titre, demander une assistance au suicide. Quand bien même il constitue un interdit au fondement de toute civilisation, le suicide demeure à la portée du libre choix de chacun. Pour autant, l'individu peut-il exiger de la société une assistance ? Peut-il requérir que sa liberté à disposer de sa vie et de sa mort se traduise par un droit ? Jean-Paul Willaime souligne combien les sociétés de l'Europe de l'Ouest sont particulièrement marquées par l'élargissement des droits de l'individu. Il situe cette évolution dans le cadre d'une « tendance générale de libéralisation des mœurs renforçant la capacité des individus à mener leur vie, jusqu'à son terme, comme ils l'entendent[1] ». Il note par ailleurs que l'affaiblissement du pouvoir normatif des institutions et de l'érosion des références culturelles conduisent les citoyens à constamment opérer des choix et à toujours plus maîtriser leur vie[2].

Toutefois, est-il pensable de concevoir la demande d'aide active à mourir comme un choix purement individuel dès lors qu'il mobilise une assistance de la société ? Le fait est qu'une loi exprime la vision d'une société, en dit les valeurs et énonce aux citoyens la promesse sociétale. La loi prévue

1. J'ai eu l'occasion de présenter ces principes dans une audition du CESE en janvier 2018. Ils ont été repris dans les travaux de la commission éthique et société de la FPF. Cf. « Pour davantage d'humanité en fin de vie, interpellations protestantes », p. 25.
2. *Ibid.*, p. 45.

à l'agenda politique en France se situe à un seuil civilisationnel, elle mérite donc d'être pensée non seulement à l'aune des libertés individuelles, mais aussi à l'aune du lien social, de ce contrat qui lie les citoyens et leur permet de « faire société ». Il en va de la cohérence comme de la cohésion sociale.

Certes les trois motifs exposés successivement interagissent, tout en appelant chacun à une réflexion particulière et des mesures singulières. Le droit d'accès à l'aide active à mourir ne saurait constituer, à lui seul, l'unique et juste réponse à la complexité de la demande. Si, de surcroît, on prend en considération que dans les unités de soins palliatifs, les demandes persistantes d'aide active à mourir sont extrêmement rares[1], le taux élevé de la demande euthanasique ne saurait être déterminant sans concéder que seule soit normative la psychologie des bien portants.

Repères éthiques

Les protestants fondent leur foi et nourrissent leur conviction dans l'autorité de la Bible. Par sa lecture, mais aussi par son interprétation, ils cherchent à se laisser transformer pour mener une vie juste, respectueuse de Dieu et d'autrui. L'anthropologie biblique, et notamment les récits de la Création, par

1. Certaines équipes parlent d'une demi-douzaine de demande persistante d'aide active à mourir en une vingtaine d'années.

leur caractère symbolique, thématisent la condition humaine. Ils le font au moyen de quatre principes structurants[1].

Premièrement, *Dieu est à l'origine de toute vie.* L'existence humaine n'est pas le fruit d'un hasard, elle n'est pas livrée aux aléas de l'histoire ou encore au chaos. S'inscrivant dans un projet de Dieu, l'existence humaine est vouée au plein épanouissement dans le cadre d'une promesse qui la précède et lui ouvre un chemin de confiance ou d'espérance. Pour les chrétiens, la dignité est donc intrinsèque à toute personne, créée à l'image de Dieu ; elle ne s'acquiert ni ne se perd.

Deuxièmement, *la vie est un don.* Personne ne s'est fait soi-même. Toute existence humaine s'inscrit dans une histoire et déploie son essence dans la relation aux autres et au Tout-Autre (Dieu). De ce fait, chaque vie est inscrite dans une interdépendance, dont chacun est, à la fois et successivement, bénéficiaire et dispensateur.

Troisièmement, *la finitude est un élément structurant de la condition humaine.* Elle passe par la vulnérabilité, le manque, le désir, l'irréductible altérité de l'autre, la conscience de la mort. Le texte de la Genèse propose une mise en récit imagée de cette finitude. En Genèse 1, le monde est présenté comme le fruit d'une œuvre de structuration du

1. Cf. Genèse 1-11.

chaos initial. En séparant la nuit du jour (jour 1), le ciel des abîmes (jour 2), la terre des eaux (jour 3), le créateur constitue un cadre qu'il peuple des êtres vivants en leur assignant leur place (jours 4, 5 et 6). Le repos du créateur au septième jour vient sanctuariser son altérité radicale. Ces séparations successives et ces assignations posent une série de limites. Seule l'altérité de Dieu, parce qu'elle est conçue radicale, fait l'objet d'un interdit : celui de ne pas manger le fruit de l'arbre de la connaissance du bien et du mal. Ces séparations successives et ces assignations inscrivent le vivant (monde végétal, monde animal, être humain) dans un réseau relationnel et interdépendant. Et en même temps, ces limites confrontent l'être humain à la tentation de la totalité, à la réalité du manque, à l'ardeur du désir qui conditionnent son existence en le plaçant devant le choix du respect ou non des limites assignées ou de l'interdit.

La question de l'altérité et celle corrélée de la finitude constitue dans la trame des récits des origines un point d'attention. Leur respect est conçu comme la condition structurante d'une vie épanouie. En revanche, refuser qu'une limite structure est une attitude susceptible d'abîmer la capacité relationnelle de l'être humain (Adam et Ève se découvrent nus et se cachent devant Dieu dans Genèse 2 ; Caïn tue Abel en Genèse 3 ; l'exigence totalitaire pour défier le ciel crée l'incompréhension entre les humains en

Genèse 11). Ainsi, céder à la tentation de la totalité s'apparente à la mort, non pas physique, mais à la mort de l'être, à la fois de désir et de relation.

Les questions de la souffrance et de la mort ne sont pas thématisées en tant que telles. Elles sont évoquées dans le récit de la transgression (Genèse 3). Du fait de l'expulsion du jardin, l'humain mortel n'a plus accès à l'arbre de la vie. Par ailleurs, la sentence adressée à Ève mentionne les douleurs liées à l'accouchement. André Wénin se refuse de lire dans cette sentence l'expression d'un châtiment qui viendrait sanctionner les transgresseurs. Il y voit bien plus une vérité qui est révélée sur la convoitise et la manière dont elle pourrit la vie en abîmant les relations fondamentale[1].

Toutes ces expériences de la finitude, où résonne la thématique de la vulnérabilité, sont les lieux essentiels où l'humain a précisément rendez-vous avec son humanité. Chaque fois que l'on tente de s'émanciper de la finitude, on s'adonne au désir de toute-puissance qui réifie l'autre, qui nie la condition d'interdépendance des humains et rejette l'altérité radicale de Dieu. Si la souffrance n'a pas de sens en soi, la maladie, la mort, la dépendance sont néanmoins considérées comme des aspects inévitables de toute existence humaine. Ainsi, dans les

1. A. Wénin, *D'Adam à Abraham, ou les errances de l'humain, lecture de Genèse 1,1-12,4*, Paris, Le Cerf, 2007, cf. notamment p. 121.

récits imagés de la Genèse, l'humain est institué devant Dieu comme un être de liberté et de responsabilité, un être placé devant un choix de vie ou de mort.

Quatrièmement, *la fraternité appelle la solidarité avec les personnes les plus fragiles.* Partageant une même condition humaine, nous sommes tous frères et sœurs appelés à être fraternels les uns envers les autres. Tuer un être humain est un fratricide qui blesse notre humanité. Cette fraternité se vit aussi dans la solidarité avec les plus petits. L'attention aux personnes les plus vulnérables, à celles et ceux qui en ont le plus besoin, est au cœur du message évangélique : « Toutes les fois que vous avez fait ces choses à l'un des plus petits de mes frères, c'est à moi que vous les avez faites[1]. » L'Évangile appelle chacune et chacun à se soucier des vieillards, des personnes en situation de handicap, des pauvres en biens et en esprit, des malades, des faibles, des désespérés, des mourants, de toutes les personnes diminuées. La relation avec d'autres permet à ces personnes de voir reconnue leur dignité et de la vivre. L'humanité de celles et ceux qui les aident s'en trouve elle aussi enrichie. Accompagner la fin de vie de frères et de sœurs en humanité, c'est également recevoir de leur part une leçon de vie. La fraternité prend alors tout son sens.

1. Évangile de saint Matthieu, 25, 40.

L'une des intentions du texte biblique, notamment des passages évoqués, est la protection de l'humain, de ce qui est essentiel à l'existence humaine, et c'est précisément en cela qu'ils entrent en résonance, questionnent, interpellent, là où la situation d'un mourant lui est, ou lui semble, indigne, inhumaine.

Pour conclure ce point, il convient de rappeler qu'être en débat et assumer le dissensus est constitutif du protestantisme. Certes les protestants dans leur grande majorité s'accordent dans l'énoncé de ces quatre repères éthiques. Leur application à la question de l'aide active à mourir fait pourtant débat[1]. Pour les uns, plutôt majoritaires, le suicide assisté ou l'euthanasie touchent à un interdit fondamental, un interdit structurant non seulement pour le croyant, mais également pour les sociétés. Légaliser l'aide active à mourir est compris comme une transgression de cet interdit et nie le principe de la dignité intrinsèque de toute vie. Pour d'autres, le choix du suicide assisté ou de l'euthanasie relève de la liberté et de l'autonomie de chaque personne qui fait son choix en toute lucidité et responsabilité. Ces derniers soulignent que pour les protestants, la liberté et la responsabilité du croyant devant Dieu sont une dimension constitutive de leur foi.

1. Cf. « Pour davantage d'humanité en fin de vie, interpellations protestantes », p. 32 et suivantes.

Le défi de légiférer

Légiférer pour une question intime qui mobilise des convictions est un vrai défi. Et ce d'autant plus que la portée d'une loi, dans sa mise en pratique, peut dépasser son objet. Pour relever le défi d'un droit d'accès à l'aide active à mourir, les trois enjeux suivants me semble relever d'une importance fondamentale.

Premièrement, considérant qu'une loi énonce le sens, une vision, quel message adresserait une loi ouvrant l'accès à l'aide active à mourir aux personnes qui se sentent un fardeau pour leurs proches ? Et peut-être pour la société ? Si le choix de la mort devenait une option parmi d'autres, d'aucuns ne se sentiraient-ils pas le devoir de partir pour ne plus peser sur la vie des leurs ? Est-il possible d'éviter que la liberté revendiquée par les uns ne devienne une obligation morale pour d'autres, confrontés à cette abyssale question ? Cette potentielle portée d'une loi voulue libérale mérite une grande attention afin de prévenir des effets sociaux collatéraux liberticides.

Deuxièmement, le système de santé est porté par des métiers vocationnels. Les médecins, infirmiers, aides-soignants sont animés par un dévouement au soin et une éthique commune. Or, pour une large majorité des équipes soignantes, administrer médicalement la mort est une pratique incompatible avec leur métier et vocation. Ce principe est sanctuarisé par le code de déontologie de la profession médicale, selon lequel le médecin « n'a pas le droit de provoquer délibérément la mort[1] ». Imaginer une clause de conscience semble peu opérationnel, tant il paraît impossible à des soignants impliqués dans une pratique collective du soin de se désolidariser ponctuellement de leur équipe. En effet, contrairement par exemple à l'IVG – qui est un acte ponctuel mobilisant une équipe réduite –, l'accompagnement de la vie jusqu'à sa fin s'effectue dans la durée et mobilise en continu un travail d'équipe. Pour éviter toute fragmentation de l'éthique commune du soin et toute fragilisation du monde du soin, il convient donc de distinguer, à la fois dans la législation et dans sa mise en pratique, ce qui relève du soin et ce qui relève d'une aide active à mourir. Inscrire dans une même loi à la fois le déploiement d'une culture de soins palliatifs en France et l'ouverture d'un droit d'accès à l'aide active à mourir, voire envisager qu'un geste euthanasique puisse être administré dans une unité de soins palliatifs, risque d'être compris comme un mépris par ceux qui s'opposent à cette perspective, notamment les équipes soignantes.

Troisièmement, la convention citoyenne a été mobilisée pour apprécier si le cadre légal actuel

1. Code de la santé publique, article R. 4127-38.

d'accompagnement de la fin de vie répond ou non à toutes les situations rencontrées. On pourrait renverser la question et s'interroger : la loi doit-elle répondre à toutes les situations ? L'exemple des pays ayant dépénalisé, voire légalisé dans des conditions très strictes le suicide assisté ou l'euthanasie, montre que la multiplicité des situations échappe à la tentative du législateur de les codifier. Les seuils posés par ce dernier font et feront toujours l'objet de contestations, parce que nécessairement des personnes y voient une injustice ou une discrimination. Pour éviter d'engager la voie d'une permanente extension d'un droit à l'aide active à mourir, ne vaudrait-il pas mieux privilégier une alternative ? Par exemple une transgression tolérée par la mansuétude des juges lorsqu'une équipe soignante en dialogue avec un patient et une famille se résout à un acte proscrit ? Dans son avis 63 du 27 janvier 2000, le Comité consultatif national d'éthique ouvrait une telle perspective en proposant la notion « d'engagement solidaire et d'exception d'euthanasie ». Cette dernière, prévue par la loi, permettrait à une personne ayant donné ou assisté au don de la mort, de faire valoir devant l'autorité judiciaire, les circonstances exceptionnelles ayant conduit à un geste transgressif. Le Comité consultatif national d'éthique fondait son avis en expliquant que « ce qui ne saurait être accepté au plan des principes et de la raison discursive, la solidarité humaine et la compassion peuvent le faire leur. Face à certaines détresses, lorsque tout espoir thérapeutique est vain et que la souffrance se révèle insupportable, on peut se trouver conduit à prendre en considération le fait que l'être humain surpasse la règle et que la simple sollicitude se révèle parfois comme le dernier moyen de faire face ensemble à l'inéluctable ».

Le philosophe Paul Ricœur ouvre la voie morale d'une telle approche quand il développe ses réflexions à propos de l'éthique de détresse où la norme du « tu ne tueras point » peut être suspendue, sans pour autant être abolie. « Oui, il peut arriver que l'on ait à accompagner autrui dans son désir d'en finir, non parce que c'est un droit, mais une expression tragique de la compassion humaine. Dialogue intime entre les soignants, le sujet souffrant, et ses proches. Je n'ai pas, nous n'avons pas à devenir les juges et les voyeurs de ce dialogue[1]. » Cette éthique de détresse mérite réflexion quand il s'agit de penser sociétalement le cadre légal de situations exceptionnelles.

Le véritable défi auquel la société est confrontée est celui de permettre à chacun de vivre au mieux (ou le moins mal) sa mort. Donner la mort, quelles que soient les circonstances et les justifications qui peuvent être avancées, demeure une transgression.

1. Cf. Bloc-notes de *La Croix L'Hebdo* intitulé « Fin de vie : pour une éthique de la détresse », 25 septembre 2022.

Toutefois, il est des situations de détresse qui appellent la compassion et la sollicitude, qui exigent d'être accueillies avec humanité, sensibilité et solidarité. Les religions ont vocation à participer à cet accueil et à accompagner les personnes en détresse, dans le respect de leur choix, quel qu'il soit. Il ne saurait être question de juger, voire de condamner, dans les situations extrêmes qui dépassent le registre du droit moral. Car accompagner la vie jusqu'à la fin, rendre humaine la vie jusqu'à son dernier souffle, c'est avant toute chose habiter ce temps de la vie par une présence toujours humaine, afin de partager une commune condition et d'accueillir les perspectives qu'elle appelle.

Éthique des Églises, éthique de la détresse, éthique hérétique

François Clavairoly
Pasteur et théologien, ancien président de la Fédération protestante de France (2013-2022)

Le titre énigmatique de ce texte veut alerter son lecteur : l'éthique est certes le fruit attendu d'une recherche exigeante, elle exprime le positionnement argumenté d'une institution ou de spécialistes sur tel sujet, ici celui de la fin de vie, dans un contexte et dans un temps donné, tout en essayant de se projeter dans un avenir engageant les générations qui viennent. Il arrive pourtant qu'elle soit le fruit inattendu et tout aussi provisoire d'un cheminement personnel et communautaire, enrichi par les conversations, les échanges et les réflexions d'un grand nombre. J'ai fait, pour ma part, un tel cheminement pour ce livre, qui m'a amené à déplacer et dont je veux rendre compte par l'écriture de ce texte.

Les Églises protestantes d'Europe et de France ont abouti à ce jour à des formulations concernant la question du suicide assisté ou de l'euthanasie qui seront citées dans ce qui suit. Cette « éthique des Églises » a été heureusement pondérée récemment par des prises de position de médecins, de philosophes ou de théologiens qui ont fait droit non seulement aux limites de la loi actuelle, mais aussi à la complexité des situations et des cas, en atténuant l'intransigeance de cette éthique. Ces prises de position plus ouvertes ont pu être qualifiées d'« éthique de la détresse ».

Malgré cette proposition d'éthique de la détresse, mon positionnement a encore évolué. La finale du texte fera droit à ce qui me paraît le plus libérateur, à ce jour et pour les générations qui viennent, fondé sur l'alliance assumée de la conviction du chrétien (*fides*), de la raison, du droit et de la liberté du citoyen (*ratio*), et de la sollicitude de la société dans son ensemble (*caritas*), pour ce temps d'épreuve intime et collective que constitue le fait de mourir : un « bougé » de la loi, sage et encadré, qui ne soit pas en contradiction avec les principes fondamentaux de l'éthique chrétienne, nécessitant un contrôle, un suivi et une évaluation vigilante.

Étymologiquement, ce choix, cette *aïrésis* en grec, ressortit à ce que je nomme l'« éthique hérétique », non pas qu'il s'agirait d'une hérésie au sens dogmatique que prendra ce terme, mais d'un chemin nouveau, à baliser ensemble et sans doute en consonance avec ce qui advient dans nos sociétés.

La fin de la vie, avec le questionnement sur l'euthanasie et l'aide médicale au suicide, est devenue depuis quelques décennies un sujet qui préoccupe l'ensemble des sociétés occidentales. Les nombreux débats, les prises de position et les avis d'experts, de témoins, de commissions ou de conseils qui s'expriment témoignent de l'importance du moment que traverse la société française dans un contexte de postmodernité[1].

Dans ce contexte de recherche collective, comment faire en sorte qu'une « société d'individus » décide, malgré tout, d'un « faire vivre ensemble » et d'avancer sur un même chemin pour une meilleure expérience de la fin de vie et de la mort ? Comment les questions posées qui renvoient à des considérations complexes peuvent-elles se traduire dans une proposition commune qui fasse droit aux demandes et aux attentes des uns, aux interrogations et aux craintes des autres, liées à la volonté de mieux affronter ce temps de la limite et de la souffrance ?

1. Sur la question de l'euthanasie et du suicide assisté : *Éthique et protestantisme. Éléments de réflexion*, Fédération protestante de France, Lyon, Éd. Olivétan, 2021 (Préface de François Clavairoly et Marion Muller-Collard, postface de Jean-Louis Schlegel).

Il ne suffira plus de se contenter de dire, en effet, que l'important est d'apporter sa contribution au débat ou de se placer dans une posture d'interpellation afin de déployer son argument. Il faudra aussi, après que le processus de la fabrication de la loi sera accompli, prendre acte de ce qui sera voté. Il faudra entrer dans un « après », dans une société qui aura avancé et qui ne sera plus tout à fait comme avant. Il faudra faire vivre ensemble une réponse commune.

Cette réponse, si elle est apportée un jour, pourrait-elle constituer un progrès ? C'est là l'essentiel du sujet résumé par ce propos du sociologue Jean-Paul Willaime[1] qui pointe les enjeux : « même si le logiciel du progrès et de l'émancipation par rapport à un système normatif jugé obsolète a continué à mobiliser pour défendre la loi sur le mariage pour tous et la loi étendant le recours à la PMA aux couples lesbiens et aux femmes seules, il est sans doute plus difficile de présenter comme un "progrès", "un pas vers plus d'humanité", le recours à l'euthanasie ou au suicide médicalement assisté… »

1. « Pour davantage d'humanité en fin de vie, interpellations protestantes », Fédération protestante de France, www.protestants.org, 2023, p. 34.

Éthique des Églises

L'éthique des Églises issues de la Réforme est ici saisie du mystère relatif à ce que vit l'être humain qui passe par le clair-obscur du processus de mort[1].

Elle rappelle des convictions (*fides*) et rend compte par la raison (*ratio*) des deux questions suivantes : quel homme, quelle femme voulons-nous être devant Dieu ? Quelle société – et avec quelles institutions – voulons-nous construire pour demain avec autrui[2] ? Elle s'articule au référentiel symbolique de textes que constitue le corpus biblique et elle entreprend son interprétation dans une visée libératrice : « C'est pour la liberté que Christ nous a affranchis. Demeurez fermes dans la liberté et prenez garde de ne pas redevenir des esclaves » (Galates 5, 1). Elle est fondée sur l'annonce d'une parole porteuse d'une promesse et d'une bénédiction offertes à qui veut les recevoir. Elle s'inscrit dans la ligne du livre de la Genèse qui rend compte de la vocation de l'humain à gérer en liberté, responsabilité et solidarité le monde et la vie, conscient des limites dans lesquelles il est appelé à s'inscrire (Gn 2). Elle rappelle enfin combien, depuis Babel, le respect de la diversité des

1. Cf. J.-D. Causse et D. Müller (dir.), *Introduction à l'éthique : penser, croire, agir*, Genève, Labor et Fides, 2009, p. 478.
2. On peut aussi noter la définition de l'éthique selon Paul Ricœur : « La visée particulière de la vie bonne, avec et pour les autres, dans des institutions justes », in *Lectures 2. La contrée des philosophes*, Paris, Le Seuil, 1992, p. 204.

langages et le consentement à la finitude sont les seuls antidotes à l'*hubris*, à la démesure et au déni de toute limite menant au malheur (Gn 9).

Les réflexions éthiques sur le sujet de la fin de vie rédigées par la Communion des Églises protestantes en Europe (CEPE, qui rassemble 109 Églises issues de la Réforme) sont publiées depuis longtemps[1]. Elles ne diffèrent pas, bien que prenant des chemins différents, dans leur prise de position finale, des autres confessions chrétiennes. Les positions protestantes françaises comme celle de la Fédération protestante de France sont dans la même ligne. Au sujet de l'argument de la liberté, mis en rapport avec la revendication de l'autonomie comme argument en faveur de l'euthanasie ou du suicide assisté, voici ce qu'énonce le texte de la CEPE[2] : « Une approche protestante pourrait remettre en question ces notions dès le départ, puisque basées dans une conception différente de

1. « Un temps pour vivre, un temps pour mourir. Quelques repères du Conseil de la Communion des Églises protestantes en Europe (CEPE) pour une prise de position sur les décisions susceptibles d'accélérer la mort et sur l'accompagnement des mourants », Vienne, 2011, www.leuenberg.eu.
2. La notion de dignité, de même que celle de liberté, doit être utilisée avec discernement et dans la conscience de ses impensés ou présupposés : « Il est frappant de constater que toutes les prises de position sur la fin de vie invoquent la dignité, que l'on s'oppose à l'euthanasie au nom de la dignité de la personne qui souffre, dignité que les soins palliatifs permettent de respecter pleinement, ou que l'on milite pour un "droit de mourir dans la dignité" », *Cf.* F. Rognon, in *Choisir sa mort ? Réflexions sur la fin de vie*, Paris, *La Croix*/Bayard, 2023.

la liberté comme étant préalable à une conception éthique de l'autonomie. La tradition protestante comprend la liberté comme étant fondée dans la relation de l'être humain à Dieu dans la création et la justification, par lesquelles un être humain reçoit la vie de la main de Dieu. Ainsi, la liberté est intrinsèquement associée à, et non pas conditionnée par, la responsabilité et l'appel à répondre à Dieu de la vie reçue de sa main. Cette notion de liberté n'est évidemment pas équivalente à l'auto-détermination ou à l'auto-gouvernance d'une vie dont on serait propriétaire, mais elle est liée à la réponse à Dieu de la vie qu'on a reçue. Elle remet en question l'utilisation de l'autonomie pour justifier l'euthanasie, proclamant que la liberté n'implique pas une auto-gouvernance absolue ou une appartenance à soi, mais qu'elle est liée irrévocablement à la responsabilité pour sa vie à soi-même, aux autres, au monde créé et en fin de compte à Dieu. »

Le texte de la CEPE arrive ainsi à une conclusion négative sur la question de la légalisation de l'euthanasie et elle pose en outre un sujet supplémentaire, celui de l'opportunité même de légiférer : « Indépendamment de la question de son acceptabilité éthique, la question se pose de savoir si l'euthanasie doit être considérée comme un domaine où la société, le gouvernement politique et la puissance législative ont une autorité légitime, ou si l'autorité en ce domaine repose chez la conscience individuelle… La légalisation de l'euthanasie équivaudrait à sa banalisation… Tout comme celui de l'euthanasie, le problème du suicide assisté est soulevé typiquement dans des situations dramatiques où des patients traversent des souffrances et des afflictions terribles, non seulement sur le plan physique, mais aussi psychologique, existentiel et spirituel… Le problème de fond et le défi consistent en ce que le suicide assisté, de même que l'euthanasie, impliquent souvent l'abandon du patient là où il faudrait plutôt répondre à un besoin de consolation, d'accompagnement et d'amitié… Face à la question du suicide assisté, il importe de remarquer que la notion de liberté et de responsabilité dans l'éthique chrétienne et protestante n'implique pas la souveraineté sur sa propre vie d'une manière qui permettrait le choix d'y mettre fin. En outre, il n'existe ni un droit juridique au suicide, ni un devoir de s'abstenir de s'opposer à une tentative de suicide, ni *a fortiori* une disposition permettant à quiconque de fournir à autrui les moyens de son suicide. Ainsi, bien qu'il y ait des différences évidentes entre le suicide assisté et l'euthanasie, ces différences ne sont pas susceptibles de rendre les objections caduques lorsqu'il s'agit de suicide assisté. Au contraire, nous trouvons que les arguments principaux contre l'euthanasie, présentés ci-dessus, s'appliquent aussi bien au suicide assisté. »

Éthique de la détresse

Apparaissent dans ce propos les prémices d'une éthique ne se satisfaisant pas de la situation, mais cherchant à valoriser, outre la parole des Églises, la réelle sollicitude de leurs membres : une forme d'« éthique de la détresse », pleinement engagée et active dans l'accompagnement et la bienveillance. Une éthique sollicitant, au nom de la justice et de l'égalité, un véritable compagnonnage pour ce qui est de la fin de vie et de l'exigence si juste de l'extension des soins palliatifs. Une éthique se refusant, certes, à tout passage à la loi, mais acceptant toutefois dans des cas limites, comme l'exception d'euthanasie, une transgression qui ne serait alors pas sanctionnable.

Certains membres d'Églises protestantes de France vont en effet dans ce sens, même si d'autres sont plus circonspects : « Les protestants ont des avis différents sur la réponse légale entre l'introduction d'une "exception d'euthanasie" et le maintien du *statu quo* assimilant l'euthanasie à un homicide, mais s'en remettant à l'appréciation du juge au cas par cas. La loi civile ne règle pas tout. Les situations extrêmes existeront toujours et exigeront que chacun se détermine avec compassion, devant son prochain et devant Dieu. Dans ces situations de fins de vie aux souffrances incurables et réfractaires, il est possible, selon eux, d'admettre que les normes habituelles de la vie quotidienne soient transgressées, sans toutefois que la transgression devienne la norme. Il est possible d'accéder à la demande du patient par compassion… Dans ces situations bien précises d'une souffrance qui dure, aider à mourir, peut relever, comme le disait Paul Ricœur, d'une "éthique de la détresse" où la norme du "tu ne tueras point" peut être suspendue, mais non pas abolie. D'autres pensent que la différence entre légalisation et dépénalisation est certes importante sur le plan symbolique, mais qu'elle ne pourra pas empêcher les risques mentionnés (difficulté de poser les limites du "moyen terme" ; inclusion des cas de démence, pression psychologique sur les personnes en question). Ils optent donc pour le maintien du système actuel. Mais ils comprennent que, parfois, face à certaines situations extrêmes, par compassion devant le visage d'autrui, les soignants soient conduits à transgresser la loi. Ils peuvent le faire en conscience et doivent pouvoir, le cas échéant, en rendre compte devant la justice. La mansuétude des juges français montre qu'ils examinent ces affaires avec un "tact particulier"[1]. »

Éthique hérétique

Pour finir, après les réflexions et les positions d'une éthique des Églises et les avancées d'une éthique de la détresse, il me semble qu'une éthique

1. « Pour davantage d'humanité en fin de vie, interpellations protestantes », Fédération protestante de France, www.protestants.org, 2023, p. 34.

protestante ne peut pas ne pas assumer aussi et faire valoir ce qui fonde la dimension libératrice – hérétique[1] ? – de son positionnement. Elle doit pouvoir oser faire droit à la conscience du croyant pour qu'il choisisse ce qu'il veut croire, au nom de sa liberté *en Christ*, précisément, une liberté non pas théorique mais enracinée dans le temps présent et pressentant ce qui advient. Elle doit pouvoir oser le laisser libre de participer non seulement à des contributions au débat, mais aussi à l'exercice de sa responsabilité citoyenne, et à examiner librement l'opportunité de l'inscription dans la loi des personnes croyantes, fidèles et conscientes de leurs limites.

Les chrétiens ne seraient-ils pas eux aussi appelés à exercer avec d'autres, le cas échéant, de nouvelles responsabilités dans un cadre strict, protecteur et reconnu par tous ? Des responsabilités *coram deo* (en la présence de Dieu) qui sont bien celles que cite la Genèse : gérer le monde qui vient et sans cesse devenir plus humain, dans la conscience de la vulnérabilité[2] et des détresses tout autant que dans l'exercice concerté de la liberté et de l'autonomie ? Dans la conscience aussi de la capacité à être pour son prochain signe d'une sollicitude, d'un accompagne-

1. *Cf.* P. L. Berger, *L'impératif hérétique. Les possibilités actuelles du discours religieux*, Paris, Éd. van Dieren, 2005. Le terme hérésie renvoie, par son étymologie, à la notion de choix libre.
2. *Cf.* N. Maillard, *La vulnérabilité, une nouvelle catégorie morale ?* Genève, Labor et Fides, 2011.

ment dans le temps ultime et clair-obscur de la fin de vie, dans ce moment où l'on consent à la finitude, jusque et y compris devant la demande d'une assistance, protégée par le droit d'une institution juste, en étant accompagné, aimé, croyant et vivant jusqu'à la mort ?

En effet, quand *fides* (la foi) écoute la raison humaine qui souffre et ne la contre pas à force de certitudes et de dogmes, quand elle ne reste pas en surplomb, au balcon, mais qu'elle se tient à l'écoute de sa détresse et reconnaît elle-même la limite de son propos dans le tragique de certains cas ; quand *ratio* (la raison) n'humilie pas *fides* par sa science et sa puissance froide et sans éthos, mais cherche elle aussi une réponse devant le malheur, alors peut encore advenir *caritas* (la sollicitude) qui demande juste un espace de liberté, donc, pour ce faire, un espace de droit, où les trois peuvent décider ensemble que la peur, la solitude, la douleur et l'effroi seront une dernière fois affrontés, dans le maintien des liens irréfragables d'humanité et dans la confiance en Dieu.

Alors la « société des individus » demeure en son cœur jusqu'au bout une « société de personnes », d'hommes et de femmes libres, responsables mais aussi solidaires, habitant non plus Babel où un seul langage est toléré, mais bien la cité des hommes où l'on s'entend et où la parole d'autrui même la plus étrangère se trouve respectée. Une cité où la sollicitude se trouve inlassablement requise afin que mourir ne soit pas un tragique absolu, vécu dans une solitude abandonnée et hors cadre, mais demeure en droit l'acte solidaire, humble et digne des vivants.

Un acte solidaire signifie dans ce cas précis qu'il est accepté et assumé par la communauté des hommes et non pas jugé moralement ou juridiquement pour être condamné. Autrement dit, l'oxymore souvent dénoncé qu'expriment les mots de « suicide assisté » ou d'« aide médicale au suicide », désignant effectivement une réalité humaine paradoxale, ne nous laissera pas sans voix, sans réaction, en situation de déni, mais au contraire exigera de chacun une écoute active et une tentative de réponse qui ne laissera pas seuls les patients ni leurs proches dans une impasse sociale et affective.

Un acte humble signifie qu'il n'y a dans cette nouvelle forme de décision humaine ni orgueil ni démesure mais un consentement adulte et responsable à la finitude amenant un choix qui appelle de la part d'autrui réflexion, compréhension et respect.

Que pour les chrétiens la vie soit considérée comme un don de Dieu se comprend souvent, certes, comme une injonction à la définir comme sacrée et le suicide comme un acte de « non foi ». Il faut ici recevoir avec respect les propos d'un Dietrich Bonhoeffer, qui vont malgré tout dans ce sens[1].

1. *L'Éthique*, 4e édition, Genève, Labor et Fides, 1997.

Mais ne peut-on imaginer que Dieu croie en nous bien plus et bien mieux que nous ne croyons en lui, au point qu'il nous offre la vie totalement et en toute confiance et qu'il nous laisse réellement et spirituellement libres de la vivre devant lui ?

Le verset magnifique du Deutéronome « Choisis la vie » (Dt 30, 19) ne peut-il être compris autrement que comme une sorte d'appel vitaliste mais bien plutôt comme une invitation à être pleinement dans la vie, entièrement et humblement responsable d'elle, sans la peur d'un Dieu qui n'aurait pas vraiment donné, finalement, mais qui « surveillerait » encore pour « punir » ?

Un acte digne, enfin, signifie qu'il appartient à celui qui le décide en tant que citoyen et croyant adulte. Il ne s'agira en aucun cas de proposer ou d'imposer le geste d'assistance au cours de cet acte à tout personnel soignant qui fera objection de conscience, ne considérant pas, notamment, ce geste comme un soin, mais de veiller à une pratique encadrée, évaluée, transparente et dont le bilan sera régulièrement établi et rendu public. L'indignité réside bien trop souvent dans les situations où prévalent le secret, l'abus de faiblesse, ou encore le silence de la loi et le défaut de liberté, et finalement les mauvaises pratiques. Une société digne est celle où chaque citoyen peut se sentir digne.

Douze brèves méditations sur la mort

Olivier Abel
Philosophe

Avant d'entamer ce parcours de méditation, puis-je auparavant raconter deux images de la mort qui me viennent de l'enfance ? Du côté d'une arrière-grand-mère maternelle, au pied des Pyrénées, le cimetière est celui d'une vieille famille huguenote[1], passée à la Réforme bien avant la fin du XVIe siècle, restée protestante pendant la période des persécutions et de la révocation de l'édit de Nantes. Depuis l'« édit de tolérance », le cimetière de famille, bien enclos dans ses hauts murs et derrière son lourd portail, comprend tous les ancêtres, sous leur tombe de calcaire tiède, avec

1. C'est le vieux nom donné aux protestants français.

leurs titres de noblesse et leurs versets bibliques qui s'effacent doucement, sous les vieux cyprès. Enfants, nous allions nous coucher dessus en regardant le ciel.

Du côté d'une arrière-grand-mère paternelle, dans les monts du plateau ardéchois, le « cimetière » est celui d'une famille d'institutrices et de paysans lettrés, ayant pris un nom biblique sous la révocation – les enfants de couples non bénis par un prêtre étaient considérés comme bâtards. Toute mon enfance, nous longions ces tombes au bord d'un pré, sous les noisetiers, à l'endroit où le vieux chemin herbu passait une bosse. On savait qui c'était, mais il n'y avait ni enclos, ni croix, ni fleurs, ni tombes, aucun nom, juste quelques petites bosses sous l'herbe finement broutée. C'étaient sans doute eux, les vrais calvinistes. Je vais tenter d'expliquer pourquoi, et pousser dans le même temps un bout d'enquête sur ce qu'est la mort (et donc la vie) en régime huguenot.

Comment interpréter la mort, quand il y en a trop ?

On a beaucoup dit que nos sociétés cachent la mort, la mettent dans des lieux à part de la vie ordinaire. Il est possible en effet que nous ayons un problème collectif avec l'interprétation de la mort : qu'en faisons-nous ? Ce qui est difficile – et presque impossible –, c'est d'interpréter le fait absurde et merveilleux d'être nés, en innovant, en créant, en faisant naître à notre tour, comme le propose la philosophe Hannah Arendt, mais tout cela sans répliquer au fait de devoir mourir en détruisant, en démolissant, en dépréciant tout dans un « après moi le déluge » généralisé ! Nous appartenons à des sociétés où il y a eu beaucoup de naissances et, quelle que soit notre longévité, nous aurons à terme forcément beaucoup de morts. Ce basculement, qui tôt ou tard sera planétaire, pose un problème inédit qui n'est pas seulement celui du vieillissement : comment allons-nous faire pour mourir *si nombreux* ? On peut redouter un temps où les humains mourront massivement, sans pouvoir bénéficier de beaucoup de présence ni de soin. On l'a senti dans les semaines les plus dramatiques de la récente épidémie. La forme la plus rapide serait celle de la famine, ou celle de la guerre, elle n'est plus impossible, elle est déjà bien souvent présente. Mais une autre forme, plus sournoise et non moins puissante, est la dépréciation de la vie et du monde, sur un ton cynique ou apocalyptique : le monde est irrémédiablement gâché et le mieux serait de ne pas être nés. Il ne s'agit plus de sauver le monde, mais de le *quitter*, par tous les moyens. C'est cela même qui prépare la guerre, cette terrible migration collective dans l'au-delà.

Le besoin de soin mutuel dans une société vieillissante

Nous sommes portés par l'élan de siècles d'émancipation, largement initiés par la Réforme, visant à ce que chacune et chacun, libérés des liens serviles, puisse accéder à l'autonomie, à l'auto-législation, à une radicale indépendance. Nul cependant ne peut *prendre soin* de soi tout seul d'un bout à l'autre de la vie. Notre société est ainsi en porte-à-faux, car là où nous cherchions l'autonomie nous découvrons que nous manquons des soins d'autrui, et là où nous cherchions l'indépendance nous découvrons nos interdépendances. Cette question est en quelque sorte aggravée par le vieillissement de la population qui augmente la proportion de solitaires, et cette solitude généralisée qui est devenue notre lot. Était-ce bien le vœu de l'éthique protestante ? En outre, nous sommes dans une société de ségrégation des générations, à l'inverse des sociétés traditionnelles, où les générations se chevauchaient et se faisaient plus ou moins place. La forme humaine des cultures se nouait dans ce remplacement un par un, certes, mais celui-ci s'effectuait dans un *milieu* de transmission. Que devient une société dont la culture n'est plus qu'addition de petits choix individuels, dans un monde où tout devient comparable ? Que devient la culture d'une société où une génération serait remplacée en bloc, en masse (selon la belle hypothèse de sociologie-fiction de Karl Mannheim) ? Que devient la culture d'une société où ni l'ancien n'a de quoi résister au total remaniement par le nouveau, ni le nouveau de quoi résister au poids étouffant de l'ancien ? Tels sont les nouveaux défis.

L'angoisse de décider et le désir de normes

L'augmentation de nos capacités techniques n'a cessé d'élargir la sphère de ce que nous pouvons choisir. D'où le poids angoissant de responsabilités inédites : les enfants n'arrivent plus, nous les *faisons* arriver ; de même la mort n'arrive plus, de plus en plus nous *décidons* du moment où nous cessons les soins. Mais là justement est le tragique : le mourant est entre nos mains et dépend de ce que nous faisons de lui. C'est pourquoi nous aimerions des normes, des solutions juridiques, pour nous protéger de cette angoisse. Notre société a trop souvent tendance à demander à la loi de répondre aux questions complexes qu'elle se pose, et de trancher d'avance les débats. Or le clivage de l'opinion sur ces questions est d'autant plus profond qu'elle refuse d'intérioriser le tragique. Pourtant, ce tragique, une loi ne le fera pas taire. Elle peut simplement l'apaiser en l'installant dans le *dissensus* ordinaire. Il n'y a de la mort aucune maîtrise possible, ni dans l'acharnement thérapeutique, ni dans le palliatif et la sédation, ni dans l'euthanasie, comme si nous étions capables de comparer toutes les options et d'opter pour l'une d'elles. L'horizon commun du suicide assisté et des soins palliatifs, leur véritable *ethos*, qui leur donne leur sens et leurs limites, c'est de toute façon d'aider à mourir le moins mal possible.

Une mort sobre et modeste

La question demeure : que faisons-nous de la mort ? Comment la représentons-nous, dans un monde où nous sommes si nombreux, et si nombreux à vieillir ? Nous devons en tous cas prendre garde à ne pas édicter des normes de fin de vie, et même des normes de sépulture, qui soient au-dessus de nos moyens individuels et collectifs. Il nous faudrait inventer une manière d'interpréter la mort qui soit sobre et modeste. Je pense à cette remarque d'un enfant de dix ans longtemps anxieux de la mort et s'exclamant un jour : « Ça y est, je sais à quoi ça sert la mort ! Ça sert à faire de la place. » Certes, rien ne nous prépare à cette attitude où nous nous effacerions à notre tour tranquillement pour laisser la place à d'autres. Tout dans notre société nous pousse à augmenter, à grandir encore, et rien ne nous autorise à diminuer, à nous faire petit. Il n'est pas jusqu'au coût des obsèques et des rituels de sépulture qu'il nous faudrait réviser ! Nous avons une conception de la mort luxueuse et somptuaire, qui garde quelque chose du culte des morts. Même les lois de la France laïque encadrent les lieux de sépulture de manière sacralisatrice, et le coût de la mort est souvent au-dessus des moyens des survivants. Et quelle loi pourrait nous empêcher de disperser nos cendres où nous voulons ! Surtout : comment penser une mort plus sobre, dans le monde qui vient ?

Calvin, l'emphase des reliques, et la simplicité du mourir

Lorsque Calvin mourant, en 1564, demandait à être enterré à la fosse commune, de façon anonyme, enroulé nu dans un linceul à même la terre et sans solennité, il était certes cohérent avec la Réforme – qui avait rompu avec tout culte des morts – et avec son *Traité des reliques*, où il avait moqué avec une jubilation narquoise la superstition des reliques des saints. Il voulait rendre impossible tout pèlerinage sur sa tombe – il n'est pas très étonnant que l'athée Lénine soit l'objet d'un tel pèlerinage. Calvin voulait libérer les fidèles de toute superstition, de toute crainte comme de toute adoration des morts, qui ne sont plus là. Il voulait les libérer de l'obligation onéreuse d'en passer par une Institution (Église ou autre) qui serait là pour faire payer aux vivants les rites funéraires de passage des morts. Il voulait que la mort puisse être l'occasion de sentir enfin l'égalité de tous devant Dieu, l'humilité de s'en remettre à lui et de laisser la place à d'autres en ce monde, la simplicité d'une confiance sans reste. Mais peut-être est-ce cela même que l'on n'a, au fond, jamais pardonné à Calvin : d'avoir ébranlé le régime anthropologique qui veut que les humains depuis la nuit des temps pratiquent des rites funéraires de sépulture, et désirent garder un lien avec leurs morts.

On ne peut juger le suicide

Allons plus loin : dans la tradition protestante qui est la mienne, le suicide n'est pas une question taboue, elle échappe à tout jugement moral. Vouloir punir celui qui s'est suicidé est tellement dérisoire... C'est bien triste pour ce que cela dit de notre monde, mais il peut arriver qu'une personne n'ait d'autre issue que de vouloir quitter cette vie, ou plutôt le bout de vie dans lequel elle est coincée. Le grand théologien protestant Karl Barth écrivait du suicidant qu'il est comme un souverain qui ne sait plus que faire de sa souveraineté, que la loi ne peut rien sur un désespéré, et que la vie ne se commande pas. Et presque à la même époque Dietrich Bonhoeffer, dans son *Éthique*, écrivait : « Les motifs derniers, qui sont décisifs, restent presque toujours cachés, car le suicide est un acte solitaire [...]. Le regard humain ne parvient presque jamais à apercevoir la limite entre la liberté du sacrifice et l'abus de cette liberté dans le suicide[1]. » Il faisait allusion au propos de l'apôtre Paul : « Nul ne connaît ce qui se passe en l'homme si ce n'est l'esprit de l'homme qui est en lui » (1 Cor. 2, 11). On chercherait d'ailleurs en vain dans la Bible une condamnation du suicide. Saül et Samson se suicident pour échapper à un destin ignominieux. Et voyez le suicide de Judas : il est raconté comme un horrible malheur et non

1. D. Bonhoeffer, *Éthique*, Genève, Labor et Fides, 1965, p. 136.

décrit comme une faute, ni comme une punition. D'ailleurs, je ne vois pas de raison, si l'on affirme que Socrate – qui pouvait se dérober à la mort et l'a néanmoins acceptée – s'est suicidé (il a bu délibérément la coupe de ciguë), pour que l'on n'en dise pas autant de Jésus montant à Jérusalem, et se laissant livrer !

La tristesse du mourir

Tout cela ne veut pas dire que la mort n'est rien. Dans son *Dictionnaire*, en 1698, à l'article « Lucrèce », Bayle protestait contre l'argument d'Épicure : « À quoi sert de dire contre cette crainte : vous ne sentirez rien après votre mort ? Ne vous répondra-t-on pas aussitôt : c'est bien assez que je sois privé de la vie que j'aime tant ! » Ce propos est d'autant plus touchant que Pierre Bayle n'a pas eu une vie particulièrement rose. Et dans le roman *Gilead*, Marilynne Robinson fait dire à son narrateur, un vieux pasteur en train de mourir : « Oh, le monde va me manquer ! » La dépréciation de la vie et du monde est la plus abjecte des préparations à la mort. On ne peut consentir à mourir qu'en acceptant pleinement d'être né, et en avouant avoir vécu, selon le titre magnifique du livre de Pablo Neruda. Pour accepter de mourir, il faudrait pleinement accepter d'être, comme tous les vivants et parmi eux, et jusqu'au bout, un être qui désire être, et persévérer dans l'être. Mourir en approuvant tout ce qui naît et qui désire être, telle est la sagesse et la vraie consolation.

Entre la persévérance du désir d'exister et le report de ce souci sur les autres

Il faudrait pouvoir suivre la dialectique la plus fine entre le désir de vivre et le consentement à mourir, qui ne cessent d'échanger leurs positions. Ne croyons pas trop vite qu'un être vivant puisse lâcher prise et renoncer à vivre : lorsqu'on se sent poussé dehors, on s'accroche ! Et il est bon d'encourager tout ce qui favorise la *persévérance du désir* de se raconter, de se rassembler. Il faut parfois se dire : « Allons ! un peu de courage au désir », comme avait lancé une petite fille à sa grand-mère. À l'inverse, il est inutile de surenchérir sur le vouloir-vivre : quelqu'un qui est pris dans l'épuisement et la lassitude de *n'en plus pouvoir* ne peut être gardé en vie malgré lui, de force, dans une vie absurde et trop souffrante. Car la vie est heureuse tant qu'on peut être un peu insouciant de soi-même ! Et cet *insouci* peut survenir lorsqu'on reporte sur les autres le souci de soi, comme le demandait Ricœur dans *Vivant jusqu'à la mort*. Entre le désir de s'effacer, et les soulèvements du désir de vivre, c'est bien cette oscillation subtile qui fait la vie, ses moindres mouvements, jusqu'aux pressions de la main, jusqu'aux yeux qui s'ouvrent et se ferment. Dans ce temps si inégal, car la mort aussi est injuste, plus ou moins longue et dégradante, chacun à la fois se rassemble et se dépouille, avec et parmi d'autres, et cherche le chemin à chaque fois unique du consentement à mourir, qui est aussi simplement le consentement à être né.

Non la religion de la vie, mais le sens de la résurrection

Les Grecs cherchaient l'immortalité par la gloire des actes et des paroles immortels, ou bien plus modestement, comme Platon le fait raconter à Socrate dans *Le Banquet*, sous les espèces de la génération. Mais chez eux, le monde des ombres n'était qu'une pâle copie de ce monde-ci – d'où l'insupportable ennui qui se dégage d'une telle immortalité – et même les successeurs n'étaient qu'une copie affaiblie de leurs prédécesseurs. Alors qu'on dirait que l'idée chrétienne de la résurrection inverse le sens du temps, et que c'est ce monde-là, si charnel et tant aimé de Dieu, qui n'est encore qu'une ébauche inaccomplie de ce que sera le Royaume de Dieu. Globalement, la logique d'une sorte de surabondance fait qu'il y a plus et mieux après qu'avant, c'est le sens de la Rédemption. Même Kant fait de la suite des générations, et du perfectionnement de l'humanité, le postulat de la moralité. Le cosmos entier change de sens : il n'y a plus l'énigme et l'anomalie de la mort et de l'entropie au sein d'un monde tout entier vivant, mais à l'inverse l'énigme de la vie et de ses formations progressives au beau milieu d'un monde mort. Est-ce à dire que nous aurions la religion de la vie, avec sa croissance et sa complexification infinies ? Avec Arendt, je me méfie du triomphe de la vie comme travail et *continuum*. La résurrection n'est pas l'immortalité, en ce sens-là d'une vie une en tous et qui ne se termine jamais. Elle regarde en face la terrible discontinuité de la mort, qui laisse les singularités individuelles au bord de la route : elle est elle-même une rupture, une reprise *après coup*.

L'approbation comme répétition acceptée

Qu'est-ce que la reprise, chère à Kierkegaard et méditée par Deleuze ? Est-ce la même chose que l'éternel retour cher à Nietzsche et médité par Kundera ? Et pourquoi pas la réincarnation ? Un enfant, placé devant ce choix fictionnel d'une possible réincarnation, m'avait répondu : « Je dirais : c'est très bien comme cela, moi j'arrête ! » Au fond, rien n'a vraiment de prix et de goût que l'éphémère, le fugace, ce qui n'arrive qu'une fois. Mais cette pensée ne vient-elle pas toujours après coup ? Et *la première fois* n'est-elle pas toujours la seconde, quand on en prend vraiment conscience ?

Sinon n'est-ce qu'une ombre, une *buée* aussitôt évaporée ? Comme l'écrit Kundera, on n'a qu'une vie et on ne peut ni la comparer aux autres vies possibles, ni la rectifier dans une vie ultérieure. Tout est vécu pour la première fois. C'est pourquoi, pour vivre les hasards de rencontre qui font notre vie, nous devons résolument les affirmer, les confirmer par notre approbation. « Oui, c'est bon. » Comme si nous acceptions de les répéter, infiniment. Mais la reprise n'est pas seulement une anamnèse, un ressouvenir approbateur de toute la vie : « Ce dont on a ressouvenir a été : c'est une reprise en arrière ; alors que la reprise proprement dite est un ressouvenir en avant [...] l'amour selon la reprise est le seul heureux. [...] Supposons que Dieu lui-même n'ait pas voulu la reprise : le monde n'aurait jamais existé[1]. » La reprise n'est pas la première fois, l'innocence des naissances, des hasards heureux ou malheureux, c'est la seconde naissance, qui vient confirmer la première par l'acte et la parole, et reprendre et réaffirmer ce qui aurait pu ne pas être et que nous approuvons. Oui : « Être ici est une splendeur. » Et chaque existence « eut son heure, peut-être moins, quelque chose entre deux instants à peine mesurables à l'échelle du temps – où elle exista. Pleinement. Les veines pleines d'existence[2] ».

---

1. S. Kierkegaard, *La Reprise*, trad. Nelly Viallaneix, Paris, Garnier-Flammarion, 1990, premières pages.
2. R. M. Rilke, *Les Élégies de Duino*, 1923.

La gravité de la mort mais le monde après nous

Le baptême n'est pourtant pas un vaccin contre la mort ! Celle-ci n'est pas un voyage, un exil, une migration ou un exode ! Si toute naissance est vraiment un Apparaître, toute mort est vraiment un Disparaître, sans réapparition possible. Et pour nous, Modernes, qui croyons à la continuité matérielle du monde visible et à la discontinuité radicale des âmes réduites à des subjectivités évanouissantes, il n'y a qu'un seul monde réel et nous ne saurions continuer d'exister sous une autre forme : la mort est pour nous, d'une certaine manière, la fin du monde, le sceau de l'irréversible. Le seul bonheur qui nous reste est précisément de penser que le monde continue après nous, comme un théâtre d'apparition plus durable que nos brèves existences. Gilgamesh, poussé par le désir d'une vie éternelle, découvrait par la mort de son ami Enkidu que nous sommes tous mortels, et c'est bien par la mort du proche que nous découvrons le deuil. Ricœur définissait les proches comme ceux qui peuvent être témoins de ma mort ou dont je peux être témoin de leurs morts. Et comme ceux qui, même s'ils désapprouvent mes actes ou mes paroles, m'approuvent d'exister.

Ne rien imaginer, laisser les morts avoir été

Alors, quelle est notre représentation de la mort ? Pouvons-nous nous la représenter ? Pouvons-nous vraiment avoir conscience de devoir mourir, pouvons-nous en avoir la représentation ? N'est-il pas proprement impossible de s'imaginer mort ? Ne faut-il pas d'ailleurs se refuser à toute imagination folle de la mort ? Quand Malraux écrit que « les corps glorieux ne sont pas ceux du tombeau », il veut dire que ce qui donne à imaginer ce sont ces corps trans-subjectifs que sont les paroles, les œuvres, les formes, les actes, laissés par les vivants et qui, même anonymes, se transmettent et laissent des traces caressantes ou stylées dans le monde. Mais justement : pouvons-nous ne pas nous représenter nos morts ? Ne pas leur donner de sépulture ? Pouvons-nous laisser la béance de la mort *méduser* le vivant ? Porter le deuil, c'est à la fois refuser la mort et l'accepter, l'accepter et la refuser, jusqu'au bout. La sépulture, dès les pierres dressées des mégalithes, c'est à la fois la représentation du mort, qui est ainsi signifiée, et son absentéification, sa mise à distance, car il n'est plus dans ce monde. C'est la séparation des morts et des vivants. D'où la gravité des gestes d'Antigone, ensevelissant son frère pour lui donner la paix. Antigone est au service non de la cité, qui ne veut plus voir les morts qu'en peinture, mais des puissances à la fois infernales et divines, des furies de la vengeance et des bontés de la bénédiction, des puissances qui tiennent les portes et les passages de la mort et de la naissance. Mais alors, que dit Jésus à Antigone, lorsqu'il intime à celui qui voulait d'abord ensevelir son père : « Laissez les morts ensevelir leurs morts » (Mt 8, 22) ? Est-ce une déconstruction du tragique jusqu'au point où les morts – et même ceux qui se sont entretués – se trouvent enfin ensemble, sans que plus rien ne les « sépare de l'amour de Dieu » (Ro 8, 38) ? Est-ce une manière de se tourner vers le Royaume qui vient en laissant être ce qui *a été* ? Je n'aurai pas ici le mot final de cette belle énigme.

Et tu choisiras la vie, ou, comme le dirait Leonard Cohen, « *You want it darker. Hineni* » !

Haïm Korsia
Grand rabbin de France et membre de l'Institut

Pourquoi parler encore une fois de fin de vie ? Et d'ailleurs, quand débute la fin de vie et combien de temps dure-t-elle ? Je préfère la formulation de ceux qui parlent de « parcours de fin de vie ». Et il est vrai que si nous anticipons ce qui peut arriver, il est toujours possible de trouver collectivement une réponse adaptée à la véritable demande des malades présente derrière les appels à agir, qui n'est pas de mourir le plus vite, mais juste de ne pas souffrir. Et je précise, pas souffrir du tout, car s'il semble plus honnête de vouloir souffrir le moins possible, la demande est bien de ne pas souffrir du tout.

Alors, oui, je suis rabbin, c'est-à-dire ancré dans des écritures très anciennes, dans la Bible, le Talmud, la tradition qui commente tous ces textes afin de les rendre toujours actuels. Mais j'ai également été aumônier des armées, c'est-à-dire avec la si lourde mission d'accompagner des militaires qui avaient la foi ou pas, dans le judaïsme ou dans les autres religions, avec comme seul objectif non pas de juger, mais de réfléchir avec eux, de cheminer humainement, et parfois spirituellement avec des femmes et des hommes qui pouvaient aller jusqu'à donner leur vie, ou pire, devaient vivre avec l'idée de la mort de l'autre, quand bien même c'était eux qui l'avaient causée. J'ai eu l'insigne honneur de siéger au Conseil consultatif national d'éthique et j'ai été confronté à toutes les questions qui viennent percuter notre société, celles qui nous autorisent le temps de la réflexion et celles où l'urgence exige une réponse immédiate. Fort de tout cela, je sais qu'il ne nous faut jamais nous arc-bouter sur des vérités qui seront démodées aussi vite qu'elles apparaissent, car la vie réelle est toujours plus forte que les principes, c'est-à-dire que nous devons pondérer nos grandes règles avec ce que vivent nos concitoyens.

Mais jamais comme aujourd'hui, ce qui nous maintient en tant que société n'aura été si fragile, car il en va sur ce débat de la primauté ou non de la vie. Or, que nous soyons religieux ou humanistes, voire les deux, nous ne pouvons accepter d'entériner par la loi le fait de donner la mort. Et d'ailleurs, malgré la volonté de certains, notre société ne demande pas massivement de changer la loi pour aller vers l'euthanasie, elle veut juste en très grande partie que ce qui est décidé soit enfin appliqué, que la remarquable loi Claeys-Leonetti – si équilibrée et qui avait trouvé un chemin de crête d'humanité entre refus de la souffrance et de l'acharnement thérapeutique – puisse se voir respectée par tous les acteurs de la santé du pays.

Comment le CCNE peut-il s'appuyer sur un fondement éthique, ce qui est sa vocation, pour « accorder le doit à l'euthanasie » même avec beaucoup de précaution ? Cela est d'autant plus surprenant que ce même CCNE avait rejeté cette option à de nombreuses reprises depuis sa création en 1983. Ainsi, et c'était après mon départ mais à une époque où je suivais cela avec beaucoup d'attention, en 2012, à la suite du rapport de Didier Sicard, lui-même ancien président du CCNE, le président Hollande avait saisi ce Comité sur la situation de la fin de vie en France. Les conclusions de l'avis 121 proposaient l'amélioration de la prise en charge des malades en développant les soins palliatifs et surtout en les rendant accessibles à tous, « un droit reconnu par le législateur depuis quatorze ans » précisait même le rapport. Mais le CCNE excluait très clairement la légalisation de l'assistance au suicide ou l'euthanasie.

Onze ans plus tard, c'est-à-dire vingt-trois ans après les premières décisions, nous en sommes, peu ou prou, aux mêmes interrogations. Sans entrer dans une disputation sur l'avis 139 du CCNE, il y a tout de même de très nombreuses questions qui se posent comme la notion de dignité invoquée, ce qui laisserait à penser qu'il existe des vies indignes, le poids de la culpabilité de la famille qui se sent obligée d'agir et qui ne voit que la mort comme option, le coût des soins de cette période de fin de vie qui, en effet, sont élevés, mais qui donnent confiance en tout le système de santé et puis, surtout, la responsabilité du choix de donner la mort ou pas qui retombera, après le corps médical, sur les juges. Et je ne parle pas du manque d'accès aux soins palliatifs partout en France.

Si notre société en venait à légaliser la possibilité de donner la mort, d'une manière ou d'une autre, par-delà les finesses de terminologie et même avec toutes les précautions imaginables, ce serait une véritable rupture anthropologique, une grave mutation de notre paradigme qui pose la défense de la vie comme un principe essentiel. Et en disant cela, en le fondant sur mes textes, bibliques et talmudiques, et sur la sagesse humaine aussi simpliste soit-elle lorsqu'elle refuse de tuer quelqu'un, je me rends compte que, chaque fois que nous réfléchissons collectivement à une grande question, nous la décrivons comme une « rupture anthropologique » si l'inverse de ce que nous croyons advenait. J'ai retrouvé le concept, bien entendu à propos du Covid, mais également concernant la PMA pour toutes, l'antispécisme, la crémation, la révolution numérique, la justice digitale, ChatGPT et tant d'autres… Il n'empêche que sur la question de la fin de vie, c'est bien le projet de société qui est en jeu.

Je peux comprendre que personne n'aime voir les personnes aimées vivre une agonie. Et la personne elle-même concernée peut demander à mourir, cela est audible, mais c'est toujours un appel à la fraternité. Nous construisons toute notre vie des relations, car nous sommes des êtres sociaux, nous avons pu le mesurer durant le Covid. La liberté n'existe pas en tant que refus du lien avec autrui, mais pour choisir avec qui établir des liens. Il nous incombe ainsi de répondre à l'appel biblique « Et ton frère vivra avec toi » (Lévitique XXV, 36), c'est-à-dire être toujours capable de faire vivre un lien de fraternité avec chacune et chacun, y compris et surtout pour les plus fragiles, les plus isolés, les plus faibles. Et qui l'est plus qu'une personne en fin de vie ? Peut-être que la fameuse rupture anthropologique consiste à cette revendication inconcevable de ne plus suivre le projet divin pour l'humain de construire la fraternité. Et je ne parle pas de mort, mais juste de fraternité, spirituelle ou sociale, religieuse ou humaniste…

Alors, oui, c'est une période compliquée et sensible, ce temps de la finitude humaine. Mais est-ce une raison suffisante pour empêcher ce moment d'être vécu ? C'est un temps de vérité, pour soi et pour les autres, où il arrive que l'on puisse se dire plus que durant toute une vie, et parfois sans même avoir à parler. Mais jamais au prix de la souffrance.

Alors pourquoi revient-on sur une loi qui semblait équilibrée ? Pourquoi risquer d'aller plus loin, c'est à dire trop loin ? Après la loi du 9 juin 1999 qui garantissait l'accès aux soins palliatifs et la loi du 2 mars 2002 qui prenait en compte le droit des malades et martelait l'importance du consentement du patient, les deux lois Claeys-Leonetti du 22 avril 2005 et du 2 février 2016 ont donné à la fin de vie un cadre légal fin et intelligent, respectueux de toutes les convictions et des principes de notre société. Ce sont les échanges, les débats, les recherches d'équilibre, les auditions si nombreuses, les réflexions approfondies qui ont donné ce vote unanime. Notre situation actuelle est donc soutenue par de bonnes lois portées par un souffle d'humanité et d'équilibre et qui offrent aux médecins des références que toute la société considère comme acceptables, avec le point essentiel de placer comme une évidence dans la conscience collective l'idée même des soins palliatifs, le respect de la volonté des patients, le refus de l'acharnement thérapeutique ou la sédation profonde et continue.

En fait, si certains reviennent à la charge, c'est que la loi actuelle traite tous les cas possibles sauf la volonté de mourir. De plus, la loi actuelle ne peut pas définir ce qu'est l'humain – car c'est ce qu'elle a fait à travers les limites que nous nous sommes collectivement imposées –, puis revenir dessus en estimant que les contours de la définition de l'humain ont tant évolué qu'il nous faudrait une nouvelle loi. Aucune société ne peut ni ne doit traiter une telle tension éthique qui s'accompagne d'une grande vulnérabilité pour le patient et ses proches par la mort. Il est impératif de faire appel à autre chose : à la solidarité de la société, à la fraternité de chacun autour du patient, à l'humanité dont nous sommes tous porteurs. Dans le livre de la Genèse (XXXVII, 16), Joseph, le fils du patriarche Jacob, allant à la demande de ce dernier retrouver ses frères qui ne lui veulent pas que du bien, justifie son chemin en disant : « Ce sont mes frères que je cherche », car rien ne peut le détourner de ce qui fonde son humanité et son existence même dans la société que constitue sa famille : construire de la fraternité.

Ce n'est pas la mort, la réponse à ces questions de fin de vie, c'est bien la fraternité, redisons-le. En réalité, si on nous oppose des arguments financiers pour ne pas pouvoir accompagner humainement toutes les personnes en fin de vie, alors il nous faut mobiliser le bénévolat, la foi des uns et l'engagement citoyen des autres, afin de répondre présent à cet appel. C'est donc bien une question de fraternité qui doit nous pousser à être présent pour notre prochain, qui doit nous convaincre de dire, en hébreu, « *Hineni !* », comme le chante si prophétiquement Leonard Cohen dans le dernier titre avant sa mort, *You want it darker*.

Hineni se traduit par « me voici ». C'est Dieu qui, le premier dans la Bible, dit *Hineni*, car Il est toujours présent pour nous. C'est le même mot qu'utilisent les prophètes pour répondent à Dieu lorsqu'Il les interpelle. Ces femmes et ces hommes qui doivent brusquement tout abandonner, tout quitter pour répondre à un appel, disent simplement à Dieu « *Hineni* ». Ils signifient par là qu'ils sont présents pour Dieu, présents pour porter Sa parole, présents afin d'être au service des autres.

Abraham, Jacob, Joseph, Moïse, Isaïe, Samuel, Ruth, David, Bethsabée, Déborah... ont tous affirmé *Hineni*, mais chacun à sa façon, car il y a autant de sens à cet engagement que de prophètes, de patriarches et de matriarches. Comme aujourd'hui, il y a autant de façon de s'engager auprès de ceux qui en ont tant besoin à un moment de fragilité de leur existence que de manières de comprendre l'impératif de choisir la vie.

Dire *Hineni*, c'est oser faire un pas en avant pour être responsable des autres. *Hineni*, c'est ce que fait Nahchon fils d'Aminadav lorsqu'il avance dans la mer Rouge, la forçant à s'ouvrir. Porter en soi ce viatique, c'est trouver la juste réponse à la question que pose l'Éternel à Caïn : Où est ton frère ? Alors que le meurtrier s'exonère de toute responsabilité par son fameux : « Suis-je le gardien de mon frère ? », *Hineni* est une façon d'être un frère pour l'étranger, un gardien pour le faible, un pilier pour celui qui chancèle. Et c'est ce qu'offrent tant de personnes extraordinaires parmi le personnel médical. Mais il nous faut accompagner ce mouvement par une mobilisation de tous dans un véritable geste collectif d'amour. Lorsque, dans la Bible (Lévitique XXV, 12), Dieu scelle son alliance avec Pinhas, le petit fils d'Aaron, le premier des prêtres qui nous bénissent, Il utilise ce même mot : « *Hineni noten lo ète bériti chalom* », « Me voici à lui donner mon alliance de paix ». S'engager, c'est donc pacifier la société en la rendant solidaire et donc plus juste et plus humaine.

C'est l'objectif de toutes les lois relatives à la fin de vie que de trouver les meilleures solutions. Mais tout ce qui était prévu dans la loi n'a pas été réalisé. Nous sommes très loin d'avoir une couverture uniforme du territoire en établissements du niveau, par exemple, de Jeanne-Garnier à Paris. Cet établissement, bien que privé et catholique, est ouvert à tous, il est à but non lucratif, et propose une prise en charge totale de la personne en fin de vie et de son entourage avec une humanité rare. Son objectif premier est de répondre à la demande de ne pas souffrir, y compris psychologiquement en apaisant la douleur et les angoisses et en protégeant autant que faire se peut le patient et ses proches de toutes les conséquences de la maladie. Le maître-mot est l'écoute et il en découle un grand respect de la volonté des patients. Il y a beaucoup de bénévoles qui s'occupent de la vie de la maison, depuis des ateliers de peinture jusqu'aux visites des malades, et l'accompagnement de chacun est assuré dans un remarquable travail d'équipe.

Il nous faut constater que rien n'est fait pour valoriser la filière des soins palliatifs dans les études de médecine. En fait, il manque toujours autant de moyens financiers et humains. Pour réaliser cela, il ne faut pas une nouvelle loi, il suffit d'appliquer ce qui était espéré, d'améliorer la formation médicale et du personnel soignant tout en relançant les projets d'unités mobiles de soins palliatifs afin de pouvoir suivre des personnes chez elles.

Le respect de la dignité humaine ne peut pas être abandonné aux uniques tenants de l'euthanasie, car la dignité est une condition de la vie, pas de la seule mort. Et si notre pays s'honore d'avoir aboli la peine de mort, ce n'est pas pour la rétablir sous une autre forme, car il est évident qu'à vouloir faire trancher les éventuels cas particuliers par des magistrats, c'est bien de rétablissement de la peine de mort dont il faut parler, quand bien même ce serait avec ce que certains veulent appeler un « suicide assisté ». Cette expression est en réalité un oxymore insupportable, car le suicide est individuel et aider quelqu'un à le faire, c'est l'assassiner, même si le mot semble outrancier. Et même une loi ne peut pas transformer la réalité. Si nous nous plaçons dans une perspective théologique, notre vie a un but assigné par Dieu, et même si ce but nous semble lointain ou que nous ne le percevons plus, il est toujours présent – tel un témoignage pour les autres, et parfois pour nous-même, de la primauté de la vie comme un don irrévocable de Dieu. Si les religions en général et le judaïsme en particulier manifestent beaucoup d'humanité envers les suicidés, et c'est un immense progrès par rapport au rejet d'antan, ce n'est pas une raison pour organiser des suicides de personnes en état de faiblesse pour autant.

Un médecin ne peut faire autre chose que soigner et ne doit jamais tuer. Lors du dîner sur la fin de vie à l'Élysée en compagnie du Président, j'ai ainsi été blessé qu'un médecin puisse affirmer que « tuer peut être un soin » avant de se faire corriger par le ministre de la Santé. Ce médecin n'est malheureusement pas un cas isolé, car nous voyons régulièrement des affaires de médecins ou d'infirmiers donnant la mort « par compassion » et sans aucune légitimité, ni humaniste ni légale. Dans un tel cas, il s'agit bien d'assassinats.

Au fond, notre société qui croit tout contrôler du début à la fin de la vie, ne supporte pas l'incertitude qui est pourtant le cœur de la destinée humaine. Nous ne cherchons, avec nos lois, qu'à avoir bonne conscience, alors que toute l'éthique consiste à se poser des cas de conscience. Et l'hyper-judiciarisation de notre société, en particulier dans le monde médical, pousse les médecins à chercher à se protéger ou à se couvrir, oui, à se donner parfois bonne conscience et opérer sans état d'âme, mais qu'y a-t-il de pire que d'agir en déconnectant les tourments de sa conscience ?

S'il y a une singularité de chaque situation de fin de vie, il est impensable que la seule réponse qu'une société puisse apporter soit la mort, alors que nous savons traiter la souffrance et accompagner des personnes qui ne sont pas moins dignes que d'autres grâce aux soins palliatifs. Et d'ailleurs, il y a quelque chose de rebutant à utiliser cette appellation – qui semble dire qu'il n'y a plus rien à faire – et il serait plus valorisant d'appeler cela des soins d'accompagnement, car le cœur de la mission de la médecine est d'aider, d'être présent à l'autre, d'accompagner. Oui, c'est de d'accompagnement qu'il s'agit lorsqu'on accueille des patients en phase terminale de leur maladie en leur offrant un temps d'apaisement et, plus encore, la promesse qu'il y aura toujours quelqu'un qui sera avec eux, pas pour leur donner la mort, mais pour faire en sorte que leur vie soit toujours respectable à leurs yeux.

Comment peut-on déployer des moyens importants afin de lutter contre le suicide – et nous n'en ferons jamais assez contre ce fléau – et en même temps penser à vouloir organiser la possibilité d'aider quelqu'un à se suicider ? Il est dangereux, pour une société, de ne proposer que cela comme espérance.

La sacralité de la vie de chacun et chacune est aussi ce qui doit nous pousser à choisir la vie : « Voici, je place devant toi la vie et la mort, la bénédiction et la malédiction ; et tu choisiras la vie, pour que tu vives, toi et ta descendance » enseigne la Bible (Deutéronome XXX, 19). Cette donnée fondamentale détermine l'attachement des hommes à la vie, d'un bout à l'autre, et même s'ils ne portent plus d'engagement religieux autre qu'un humanisme qui pousse à respecter chaque vie.

C'est par une histoire très symbolique que le Talmud (Kétouvot 104a) raconte la fin de rabbi Yéhouda. Il était à l'agonie et ses élèves priaient afin que le vénérable maître reste avec eux alors que dans le Ciel, les anges priaient pour que ce saint homme les rejoigne. Les prières des uns annulaient la prière des autres et l'agonie se poursuivait. Alors la servante du vieux rabbin, excédée que les uns et les autres ne cherchent que leur propre intérêt, se saisit d'une cruche qu'elle fracassa au sol. Les élèves sursautèrent et cessèrent un court instant de prier. La prière des anges l'emporta et le vénérable maître rendit l'âme. Voilà la logique qui porte l'action de la servante : il est interdit d'agir directement, mais il faut refuser tout acharnement thérapeutique ou même textuel. Oui, il y a bien une dignité pleine et entière de l'homme, à chaque moment de sa vie, sans jamais occulter sa finitude car il faut rendre à l'humain son humanité, donc aussi sa fin. Il y a donc une distinction forte à faire entre une action qui va amputer ne serait-ce qu'un instant de vie et un arrêt de traitement qui maintient artificiellement la vie et empêche le retour à la finitude humaine, c'est-à-dire à la mort. Cette servante aimante ne fait rien qui puisse hâter la mort de son maître, mais elle refuse le diktat des élèves qui ne voulaient que garder leur rabbi avec eux alors même qu'il n'était plus en relation avec eux, puisque ce rabbin ne s'exprime pas dans l'histoire. Cet utilitarisme des personnes, et parfois même ce combat pour une personne qui ne peut plus rien exprimer, entre des parties d'une famille comme la terrible affaire du malheureux Vincent Lambert l'a montré, est l'ultime manque de respect envers des personnes dont nous devons respecter, avant tout, la dignité sans les chosifier. Voilà ce que nous enseigne cette modeste mais lumineuse servante.

Il y a, et je le conçois, un sentiment d'impuissance face à la souffrance, face à la mort de ses proches. Mais il y a aussi de l'indifférence à la disparition des autres, de ce manque à l'humanité. Il faut peut-être repenser un accompagnement adéquat des proches pour les associer à la fin de la meilleure des manières, c'est-à-dire celle qui ne rend pas impuissant, et retrouver ainsi un sens à la mort dans nos sociétés. Au-delà des malades âgés, nous devons avoir une réponse dans les cas de maladies incurables, comme la maladie de Charcot où l'intellect fonctionne parfaitement mais ne peut que constater l'impuissance à faire fonctionner de plus en plus de fonctions motrices, respiratoires ou d'alimentation. Et que devons-nous dire aux parents d'enfants atteints de graves déficits cérébraux ou moteurs ?

Du point de vue du judaïsme et, plus largement, en nous affranchissant des règles religieuses, mais en étant porté par le souffle d'humanité qui fonde notre société, il nous est totalement interdit d'accomplir un geste qui va interrompre la vie d'un malade. Au fond, c'est un principe simple qui veut qu'un malade en fin de vie est un humain avec tous ses droits et sa dignité pleine et entière. Alors, bien entendu, chacun est libre de mettre fin soi-même à sa vie, mais toutes les sociétés refusent cette option tragique ; ce serait donc incompréhensible de mettre en place cela pour des personnes avec lesquelles nous devons juste penser la fraternité toujours en action. Plus simplement, mettre en place la mort organisée des malades en fin de vie nous interdit de réfléchir à mettre en place d'autres solutions faisant appel à la fraternité dont nous parlions précédemment, notre fameux *Hineni*.

Aucune société ne peut occulter l'idée même d'espérance et ne proposer que la mort comme solution ou perspective. Et l'espérance est si importante, bien plus que la guérison même, que le Talmud (Pessahim 56a) raconte que le roi Ézéchias dissimula le livre de tous les remèdes, celui qui offrait un rétablissement assuré pour chaque maladie. Rachi, le célèbre rabbin champenois du Moyen Âge, précise que c'était pour que le cœur des hommes retrouve le chemin de la prière afin d'obtenir le rétablissement des malades, comme si, par-delà la fin de la maladie, la guérison ne dépendait que de l'espérance que les hommes trouvent dans la prière. Il ne faut pas y lire une aversion de la foi pour la médecine, mais plutôt la réaffirmation de l'idéal de la bataille spirituel aux côtés des médecins pour gagner ensemble le combat de l'espérance.

Les travaux de la convention citoyenne sur la légalisation éventuelle de l'euthanasie et du suicide assisté, ainsi que tous les rapports de toutes les instances, ont démontré qu'il y avait urgence à répondre à une crainte de ne pas être accompagné dans la fin de vie et de nous retrouver seuls. Et puisque nous ne faisons pas ce qu'il faut réellement faire en termes de politique de développement des unités spécialisées, nous imaginons, collectivement, que s'il n'y a plus de malades, il n'y a plus de problème. Mais avancer sur cette pente si raide, c'est ne plus rien contrôler ; c'est, sous prétexte de liberté individuelle, céder aux exigences financières d'une société qui n'ose pas se l'avouer et c'est sombrer dans l'utilitarisme le plus terrible.

Peut-être, pour conclure, faut-il rappeler ce que Dieu Lui-même vient attester à propose de Moïse à la fin de la Thora (Deutéronome XXXIV, 7) : « Moïse était âgé de cent vingt ans lorsqu'il mourut ; sa vue n'était point affaiblie, et son pied n'était point alangui. » Il était *bon pied, bon œil.* Et c'est une façon très forte de nous redire que même si un agonisant est, selon la tradition juive, comme une « flamme vacillante prête à s'éteindre », il n'empêche que la dignité humaine n'est pas moindre à la fin de la vie. Et pourtant, nous avons vu des épisodes de la Bible où Moïse est épuisé. Mais à chaque fois, il y eut quelqu'un pour lui prêter, littéralement, main forte, comme lorsque Aaron et Hour, son frère et son beau-frère, se tiennent de chaque côté de Moïse pour lui soutenir les bras et permettre au peuple de remporter sa guerre contre Amalek (Exode XVII, 12). Ce n'est pas la faiblesse qui tue, c'est l'isolement et la solitude, ce qui est aujourd'hui le risque majeur au moment de la fin de vie. Nos règles nous prescrivent ainsi de ne jamais abandonner quelqu'un à l'agonie et de lui offrir au moins une présence, même s'il est inconscient.

Nous voyons d'ailleurs que cet impératif est si important que Dieu lui-même rend visite à Abraham lorsque celui-ci est malade. Visiter un malade, affirme le Talmud, c'est lui retirer un soixantième de sa souffrance, c'est pleinement contribuer à restaurer l'œuvre divine, pratiquer ce que nous appelons le *Tikoun Olam*, la réparation du monde. La tradition propose de ne pas se tenir debout près d'un malade, mais de s'asseoir à côté, comme pour ne pas l'écraser de l'arrogance de notre bonne santé et de la hauteur de notre différence de situation.

Mais fort de tout cela, il nous faut malgré tout entendre le cri du roi David dans les Psaumes (LXXI, 9) : « Ne me rejette pas au temps de la vieillesse ; Quand mes forces s'en vont, ne m'abandonne pas ! » Jamais David, si totalement confiant en son Créateur, n'aurait douté de Lui. C'est donc bien à chacune et chacun de nous que le roi David s'adresse afin de nous exhorter à ne pas abandonner nos anciens au moment de leur faiblesse.

Oui, le roi David nous demande d'être des frères et des sœurs présents aux personnes en fin de vie, il nous incite à dire, nous aussi, *Hineni*, me voici.

Oui, il s'agit bien de définir le modèle de société où nous voulons vivre, celle de la confiance ou de la défiance, de l'espoir ou de la cruelle loi des statistiques, celle de l'éthique ou de l'utilitarisme, celle de la fraternité ou de la solitude.

La mort en ses contradictions. Judaïsme et fin de vie

Dan Arbib
Philosophe et enseignant
à l'École normale supérieure

En sa propre désignation, la mort n'est pas la Grande Faucheuse, mais la Grande Question : « mort », *mavet* en hébreu – nous apprend un midrash ancien –, doit se lire comme le pluriel de *ma*, « quoi[1] ? ». La mort est une question, et à deux titres. Bien entendu, la première question se pose de savoir *ce qu'*elle est : *quid est.* Car qu'elle soit, *quod sit,* nul n'en doute ; mais qu'est-elle, elle dont nous sommes si sûrs qu'elle est ? Aucun savoir de la mort ne pourrait ici nous garantir autre chose que vaine présomption. La mort n'est pas

1. Voir R. Draï, *La Pensée juive et l'interrogation divine. Exégèse et épistémologie*, Paris, PUF, 1996, p. 29.

seulement le *passage* de vie à trépas, elle est l'installation dans cet état de trépassé ; elle est transition et station ; or, il n'y a de transition réelle qu'à condition que le chemin ne puisse être effectué en sens contraire : les « expériences de mort imminente » ne sont pas des expériences de la mort. Ou bien l'on est mort pour toujours, mort *à vie*, ou bien l'on n'est pas mort ! Nul jamais n'a pu passer puis revenir nous apprendre ce qu'était ce passage et ce qu'on y trouvait. Ici, les récits, religieux ou mythologiques, peuvent bien nous faire réfléchir, nous disposer à une conduite morale et être parés de toutes les vertus édifiantes, il demeure que jamais ils ne constitueront à proprement parler un savoir transmissible. Depuis qu'il y a des hommes et qui meurent, nul ne sait ce que c'est que mourir. De cette nescience, il sera temps d'assigner les causes (nul ne fait à proprement parler l'expérience de la mort), pourvu seulement qu'on se tienne pour l'instant au grand Quoi qu'elle nomme. Car ce grand Quoi dessine un point d'interrogation non pas seulement sur la mort elle-même, mais sur *ce que* nous sommes, nous vivants qui avons à vivre avec la mort. *Ego ille qui sum moribundus*, dirait Descartes, « ce moi qui doit mourir », *quisnam sum*, « qui suis-je » ? Parce qu'elle suspend tout savoir, la mort questionne notre être lui-même, notre façon de répondre au défi du grand Quoi, notre manière d'habiter notre mort – c'est-à-dire, nous le verrons, notre manière aussi d'habiter notre vie. La question de la mort devient la question des mortels. Voilà pourquoi la tradition grecque n'a cessé d'affirmer à la fois que de la mort il n'y avait rien à dire, mais que du mortel la mort nous apprenait tout : ne rien savoir de la mort, mais apprendre à mourir.

Mais il y a plus. Ce qui s'appelle aujourd'hui « fin de vie », qui n'est point la mort même, mais la station indéfinie sur son seuil, s'est substitué au grand passage, si bien que l'effroi s'est en quelque manière déplacé, embrassant les derniers temps de la vie plutôt que la mort elle-même – en fait, les derniers temps de la vie *en tant qu'*ils sont frangés de mort. Ici s'expérimentent au plus haut point les contradictions ontologiques de la mort ; ces contradictions, il importera d'abord de les décrire et de les objectiver, s'il se peut ; puis de prêter attention à la manière dont le judaïsme les affronte – non pas qu'il les résolve (méfions-nous des religions qui prétendre « résoudre les problèmes » ou « atténuer les angoisses »), mais il les éclaire d'un jour franc et clair.

Absolue et relative

Si la mort est un grand Quoi, c'est, nous l'avons dit, que de la mort il n'y a pas de savoir possible. Il se pourrait même que ce « Quoi » ne marquât pas seulement la question, mais l'étonnement : *Quoi, on meurt!* Prise en toute rigueur de termes, la mort est un scandale : rien ni personne ne devrait jamais mourir – et je ne peux en toute rigueur absolument pas penser ma propre mort. Dira-t-on que je *sais* que je suis mortel ? Toute une tradition, depuis Heidegger, s'est complu dans ce savoir, sans bien expliquer du reste ce qu'il fallait entendre par là : se savoir mortel, qu'est-ce ? Au quotidien, la seule épreuve que je puisse faire de moi-même est celle de mon pouvoir d'être, de faire, de me projeter : que peut vouloir dire l'épreuve d'être mortel ? Comment penser ma mortalité ? *Ego sum moribundus*, soit ; mais de quelle façon cette certitude s'atteste-t-elle[1] ? Voilà un point sur lequel personne ne nous aura éclairé. Levinas avait raison d'observer que, prise à la rigueur, je ne fais jamais l'expérience de ma mort : aussitôt qu'elle advient, le vivant n'est plus ; en cette banalité réside l'insurpassable profondeur d'Épicure, quand il affirmait que « quand nous sommes, la mort n'est pas là, et, quand la mort est là, nous ne sommes plus[2] ». C'est elle ou moi : jeu de cache-cache ! Cette alternative triviale ne signifie rien d'autre que l'impossibilité d'éprouver positivement ma mort. Faute d'expérience de la mort, comment parler de l'expérience de la mortalité ? La jeunesse, qui tient entre ses mains toutes

1. Sur la mort comme certitude, voir M. Heidegger, *Être et temps*, § 53.
2. Épicure, *Lettre à Ménécée*, 125 ; voir E. Levinas, *Le temps et l'autre* [1947], Paris, PUF, 1983, p. 59.

les promesses de l'existence humaine, pense-t-elle à la mort ? Elle ne le peut. Voilà pourquoi elle « risque sa vie » : sa mortalité lui échappe, parce que la conscience de vivre n'est jamais conscience de mort. Nul ne l'a mieux vu que Spinoza : que la mort appartienne à l'essence de l'individu exigerait que cette essence comprît en elle une détermination contraire aux autres, qui la travaillât de négation comme le ver dans le fruit ; bref, il faudrait que cette essence fût intrinsèquement contradictoire, comprenant des déterminations incompatibles avec elle-même et sa propre position dans l'existence. Cela se pourrait-il ? La mort, dans le monde serein des essences déterminées, est impossible. Elle ne peut venir que de l'extérieur, *ad*-venir par accident en quelque sorte, par une mauvaise rencontre, un froid, un chagrin d'amour, un petit quelque chose, un rien parfois, mais qui grippe la machine *ad extra*, qui vient s'intercaler, s'interposer, s'immiscer, s'insinuer dans le fonctionnement parfait de la machine corporelle, en perturber l'activité. La mort est toujours un accident ! Rien, *ad intra*, ne me prédispose à mourir[1]. Si je puis avoir quelque anticipation de ma mort, ce ne sera alors jamais que par induction : j'ai vu tant d'hommes mourir avant moi, on n'a jamais vu d'homme ne point

1. Voir P.-L. Landsberg, *Essai sur l'expérience de la mort*, chap. V, Paris, Le Seuil, 1993 p. 46-47 ; là-contre, M. Heidegger, *Être et temps*, § 53.

mourir – donc je mourrai. Mais cette induction est frauduleuse, doublement frauduleuse : comme toute induction, elle extrapole et court du passé au présent, de l'effectif au nécessaire, du général à l'universel, *experientia vaga* donc[1] ! De surcroît, elle extrapole du sort des autres au mien : or, moi, suis-je un objet logique d'induction ? Caius peut bien être mortel parce qu'il est un homme et que tous les hommes sont des mortels, se dit Ivan Ilitch, mais moi, *moi*[2] ? Je ne suis pas n'importe quel homme ! Je ne suis pas *un* homme, je suis celui-là même qui formule le raisonnement et qui n'entre dans aucune catégorie. Se pourrait-il que je sois emporté par l'objet même de mon discours ? L'induction tourne court et ne peut assurer rien d'autre qu'une « connaissance de premier genre », imaginative et confuse : je ne puis pas penser ma mort. Par suite, ma mort, à parler rigoureusement, m'apparaît comme *impossible* car littéralement *impensable*. Vécue, elle n'est jamais effective ; pressentie, elle n'est jamais vécue ; anticipée, elle n'est jamais ma mort ; incluse dans mon essence, elle lui répugnerait au point de m'annihiler avant même

1. Spinoza, *Traité de l'amendement de l'intellect*, § 20, in *Œuvres complètes*, Paris, Gallimard, Bibliothèque de la Pléiade, 2022, p. 10-11. Voir par ex. Voltaire, art. « Homme » du *Dictionnaire philosophique* : « L'espèce humaine est la seule qui sache qu'elle doit mourir, et elle ne le sait que par l'expérience. Un enfant élevé seul, et transporté dans une île déserte, ne s'en douterait pas plus qu'une plante et un chat. »
2. Voir L. Tolstoï, *La mort d'Ivan Ilitch*, chap. VI.

que j'advienne à l'être. *Absolute loquendo*, la mort est l'impossible.

Et pourtant, de ma mort, je puis faire des expériences pour ainsi dire *latérales*, indirectes et comme de biais. Nommons-en trois : la souffrance, la vieillesse et la mort d'autrui. Commençons par cette dernière : Jankélévitch soulignait avec justesse combien, entre la mort à la troisième personne – mort anonyme de tous les mortels, du « On » et des syllogismes – et d'autre part la mort à la première personne – mort mienne, absolu impensable et inexpérimentable –, ou plutôt *au-delà* de ces deux morts, la mort en deuxième personne – la mort de l'être aimé, la mort de l'être proche – pouvait nous dire quelque chose de la mort, nous renvoyer, indirectement, à notre propre mort, nous la suggérer, nous la faire en quelque manière vivre. Landsberg déjà, dans son puissant *Essai sur l'expérience de la mort*, évoquait la possibilité d'une mort qui pût se vivre « par participation », en assistant à la mort de l'autre – mais non pas n'importe quel autre, l'autre aimé, l'être cher, le Tu, le Tu à jamais tu[1]. Cette connaissance est autre chose qu'une connaissance du premier genre, connaissance par ouï-dire ou par extrapolation illégitime ; c'est une mort qui me touche, qui me fait

1. V. Jankélévitch, *La mort*, Paris, Flammarion, 1977, p. 29 *sqq* ; et P.-L. Landsberg, *Essai sur l'expérience de la mort*, chap. IV, éd. cit., p. 36 *sqq*.

mourir un peu, qui nourrit ma propre mortalité : La Boétie, en mourant, n'a-t-il pas emporté avec lui le vrai Montaigne ? Montaigne mort manque à Montaigne vivant[1]. Cette mort à la deuxième personne, c'est déjà un peu le deuil de soi… La vieillesse, elle, constitue une telle épreuve de soi, mais directement et sans la médiation d'autrui : ce que je pouvais faire, je ne puis plus le faire ; la vieillesse est l'expérience du *ne plus*, alors que la jeunesse faisait l'épreuve du pas-encore et la maturité celle du maintenant. La vieillesse confirme doublement notre finitude : en impossibilisant l'action du corps, elle donne à ressentir déjà cet empêchement, cette entrave, ce grain de sable qui, bientôt, grippera définitivement la machine ; et ce faisant, elle m'arrache déjà du monde de la puissance, elle me tourne vers ma fin, elle m'oriente vers elle. Tout craque, le soleil n'écoute plus, le mur se fissure[2]… Le vieillard de La Fontaine peut bien protester de n'avoir pas été prévenu assez tôt de sa fin prochaine, ses multiples défaillances (esprits, sentiments, goût, ouïe…) l'en instruisaient : « Qu'est-ce que tout cela, qu'un avertissement[3] ? » Montaigne (encore lui) avait par anticipation interprété cette fable : « La dernière

1. « Lui-seul jouissait de ma vraie image, et l'emporta. C'est pourquoi je me déchiffre moi-même si curieusement. » (*Essais*, III, 13, éd. P. Villey, Paris, PUF, 1965, p. 983).
2. E. Ionesco, *Le roi se meurt*, Paris, Gallimard, Folio, 1997, p. 15, 16, 27 et *passim*.
3. La Fontaine, « La mort et le mourant », *Fables*, VIII, 1.

mort [...] ne tuera plus qu'un demi ou un quart d'homme. Voilà une dent qui me vient de choir, sans douleur, sans effort : c'était le terme naturel de sa durée. Et cette partie de mon être et plusieurs autres sont déjà mortes, autres demi-mortes, des plus actives et qui tenaient le premier rang pendant la vigueur de mon âge. C'est ainsi que je fonds et échappe à moi[1]. » La vie même comme « mort continuée[2] » ? N'allons pas jusque-là : impuissance et voisinage du néant : telle est la double expérience de la vieillesse. Il en va de même de la souffrance : contrairement à la mort, qui n'est jamais mienne puisqu'elle annihile celui-là même qui doit l'endurer, la souffrance ne peut être endurée que si je demeure vivant – mais vivant en lisière de la mort, cheminant sur le bord du gouffre[3]. Il y a un paradoxe de la souffrance : l'expérience la plus voisine de la mort, et donc du silence du corps, se donne d'abord comme l'expérience la plus vive et la plus douloureuse, la plus *intensément* vécue : le *moins* de corps (la mort) s'anticipe comme le *plus* de corps (la douleur) ; le minimum comme le maximum. C'est quand je perçois le plus mon corps, que je voisine au plus près le moment où je ne le sentirai

1. *Essais*, III, 13, éd. cit., p. 1001. Ainsi Montaigne peut-il « se préparer à mourir » : mais une telle préparation, *commandatio mortis* (voir Cicéron, *Tusculanes*, I, XXXI, 74), n'est-elle pas en son fond dérisoire et impossible ? C'est tout le tragique du *Roi se meurt* ; voir par ex. éd. cit., p. 55.
2. Voir V. Jankélévitch, *op. cit.*, p. 186, *sqq.*
3. E. Levinas, *Le temps et l'autre*, éd. cit., p. 55 *sqq.*

plus. Ainsi, mort en deuxième personne, vieillesse et souffrance : toutes expériences *relatives* de ma mort, qui me permettent de l'approcher, de l'approximer déjà depuis la vie. Dès lors, la mort se voit rendue à sa nécessité, implacable et impitoyable.

L'effroi du « signifiant januel »

La mort : impossible comme absolue et pourtant nécessaire comme relative. Nous appelons la mort un « signifiant-Janus », ou « *signifiant januel* » : ouvrant sur l'absolu inconnaissable d'un côté, elle se laisse appréhender d'un autre par des expériences partielles et relatives. Ainsi de l'infini, et peut-être des idoles de la métaphysique, Dieu, l'âme et le monde. La réflexion sur la mort ne semble pas avoir d'autre voie que cette double postulation cumulative : d'un côté, la mort est l'impensable absolu, le tragique, le scandale, l'impossible; d'un autre, la mort est déjà *un peu* là, elle habite notre condition. Or ces deux lignes se contredisent : l'une aggrave la mort, l'autre l'atténue. La première la soustrait du monde des vivants, l'autre l'y intègre. Que dire de la mort prise dans l'absolu ? Parce que la mort est rupture brutale, interruption impensable, elle est scandale, refus opiniâtre de toute dédramatisation, de tout euphémisme. Car aucune consolation jamais ne sera possible : la mort est l'irrécupérable de l'existence. Épreuve de la négativité absolue, la mort ne demande ni atténuation ni litote : elle est grave. Mais, vue comme relative, anticipée à partir de l'expérience de la mort de l'autre, de la vieillesse et de la souffrance, la mort appelle une tout autre attitude : la mort est *dans* la vie. Certes, elle demeure « l'autre-*que*-la-vie », mais elle n'est plus « l'autre-*de*-la-vie » : mort d'autrui, vieillesse et souffrance, appartiennent de fait à la vie – et c'est pour cette raison même que la question de la mort se pose au vivant : la mort ne peut être seulement repoussée hors de la vie comme l'expérience impossible et l'absolu impensable, elle est ce dont on témoigne, ce qui nous touche, ce qui nous affecte ou nous obsède. Et alors s'enclenche une musique qui n'a plus rien à voir avec le mutisme sur la mort impossible : de la mort il faut parler, il faut « faire quelque chose », dire, nommer. Déjà là, la mort n'est plus ajournée dans un avenir refuge de l'absolu. Comme alors paraissent naïfs et lâches, les silences qu'inspire l'impensabilité de la mort !

Paradoxalement, c'est quand la mort est le plus absolutisée qu'on en parle le moins, car alors elle n'apparaît plus, enfouie comme impensable ; parce que comme le soleil elle ne se peut regarder fixement, on ne la regardera que de biais[1]. Aggraver la mort, refuser de la « frivoliser », n'est-ce pas aussi la taire, la bouter hors de la vie, la répudier

1. La Rochefoucauld, *Maximes*, § 26.

comme taboue ? Notre époque présente la singularité historique[1], que l'approche relative de la mort (mort d'autrui, vieillesse, souffrance) terrifie davantage que l'approche directe – que *l'inquiétude s'est déplacée de la mort proprement dite aux derniers instants de la vie*[2]. On ne craint plus tant la mort – d'elle on ne sait rien, certes, mais on préfère cette inconnaissance à ce que l'on sait de ce qui tout juste la précède : souffrance, vieillesse. Nous avions isolé trois biais indirects d'approche de la mort : la mort de l'autre, la vieillesse et la souffrance. Qui ne voit que la conjonction de ces trois phénomènes est aujourd'hui la situation la plus banale et qu'il est peu de fils ou de fille à qui il soit épargné d'« accompagner » un père ou une mère au moment décisif, de traverser avec eux force souffrances ou interminables handicaps ? Certes, la souffrance ordinaire, comme épreuve de l'im-pouvoir, témoigne structurellement de notre déficience originaire et de notre statut de créature, en sorte que par elle se phénoménalise le néant qui toujours nous habite, nous évide et nous mène à

1. Manque une étude historique de la peur du mourir, peur de l'agonie, des souffrances pré-mortuaires, « antéthanatosiques » : on y évoquerait moins les représentations de la mort que les appréhensions des derniers temps de la vie.
2. C'est ainsi qu'Hermann Roth ne se demande « pourquoi faut-il qu'un homme meure ? » qu'à l'occasion de ses rendez-vous médicaux qui lui prédisent les difficultés à venir (Ph. Roth, *Patrimoine*, trad. fr. M. Akar et M. Rambaud, Paris, Gallimard, 1992, p. 142 et 205).

la mort; mais il y a loin, de cette souffrance ordinaire, à la souffrance qui précède la mort : quand la souffrance s'agglomère à la vieillesse, alors le statut même de la souffrance change. Il ne revient pas au même de souffrir une douleur curable et transitoire et de souffrir dans l'imminence incessamment ajournée de la mort. Alors la mort comme néant absolu, l'autre de la vie, n'effraie plus; elle est presque souhaitée, en comparaison de l'interminable et incessante agonie en quoi consiste la mort *dans* la vie. La terreur de la mort (*absolute loquendo*) se mue en terreur des derniers temps; notre angoisse naît, non point tant de ce que nous concevons la fin de *la* vie que de ce que nous concevons la *fin de vie*. Miracle de l'article défini! Du reste, l'expression de « fin de vie » brouille habilement les distinctions : la *fin de [...] vie*, c'est tout autant le néant de vie, la mort absolue, que la vie *en sa fin*, son dernier temps, la mort relative. Et, encore un coup, cette épreuve du relatif en vient à recouvrir l'épreuve de l'absolu. Car il y a lurette que les progrès de la médecine nous interdisent de clamer aussi simplement que Bossuet : « Madame se meurt. Madame est morte[1] ! » On marmonnerait plutôt aujourd'hui : « Madame se meurt. Madame se meurt encore; elle se mourait hier et se mourra

1. Bossuet, *Oraison funèbre de Henriette-Anne d'Angleterre*, éd. J. Truchet, Paris, Classique Garnier, p. 171.

encore demain. » Madame se meurt, mais madame n'est pas morte : l'interminable *se*-mourir nous tourmente aujourd'hui plus que ne saurait jamais faire le mourir tout court, disqualifiant définitivement comme dérisoire tout *ars bene moriendi*. La mort comme fin de la vie, trop abstraite pour émouvoir vraiment, se voit recouverte par la mort comme fin de vie – elle vraiment terrifiante. Cette angoisse est la nôtre.

Dualités

Il y aurait beaucoup à gagner à distinguer ces deux voies pour la clarification des principaux concepts qui travaillent aujourd'hui la réflexion sur la « fin de vie » – celui de la *dignité*, de l'importance de la personne, du sens du concept de *vie* et des enjeux de la promesse du *repos éternel*.

S'agit-il de la dignité de la personne ? On entend beaucoup parler actuellement du « droit à mourir dans la dignité » ; mais ne faudrait-il pas être sinon offusqué, du moins saisi, par une telle expression ? Un être humain peut-il déchoir de sa dignité ? Le grabataire, le valétudinaire, le vieillard cacochyme, perdraient-ils en dignité ? Il serait fâcheux que seul conservât sa dignité l'individu valide, en pleine possession de ses pouvoirs et de ses moyens – car alors que vaudrait l'invalide ? Bref : demander à *mourir dans la dignité* revient à suggérer qu'en certaines circonstances l'homme puisse résigner sa dignité, que sa condition physique ou mentale l'en puisse déposséder. Mais tout scandale se dissipe si on veut bien admettre la distinction que nous avons établie entre la mort absolue et la mort relative. Du point de vue absolu, la mort demeure hors de la vie, si bien qu'*au sein de la vie* tout homme reste digne, quelle que soit sa condition, son état et peut-être son passif : la dignité est un bien inaliénable. Mais prise comme relative, la mort se trouve intégrée à la vie : alors on la voit mordre, grignoter l'existence de l'homme, le priver de sa puissance, de son autonomie, de sa lucidité ; de cette nouvelle considération s'ensuit un second concept de dignité, dignité qui qualifie non plus ma vie quand je la considère *ad extra*, car alors elle est toujours digne, mais ma vie quand je l'évalue depuis ma vie même, depuis mon présent incertain, *ad intra* : ma dignité admet alors d'infinies variations et des vicissitudes multiples, suivant le rapport entre l'idée que l'on se fait de soi et celle que l'on se forge de ce qu'on devrait être ou faire[1] ; elle ne qualifie plus tout homme, mais certains d'entre eux pour autant que, du sein de la vie, ils exercent leur vie pleinement. Aussi la *dignitas*, qualité romaine entre toutes, était-elle attachée jadis aux auteurs d'actions glorieuses, et à

1. Rappelons que *dignitas* est formé sur la même racine que *decet*, « ce qu'il convient de faire », « ce que l'on se doit ».

eux seuls. Ainsi se distinguent une dignité inconditionnelle et inaliénable et une dignité conditionnée et variable : la première naît de ce que, la mort paraissant un absolu hors de la vie, elle laisse la vie même inconditionnellement intouchée et par là toujours digne ; la seconde convient au contraire à une vie considérée comme toujours déjà plus ou moins affectée par la mort, et donc toujours déjà potentiellement dépossédée de ce qui la rend humaine. On comprend l'embarras où nous jettent ceux qui réclament le « droit à mourir dans la dignité » : provoquer la mort d'un individu pour lui épargner la perte de dignité revient à lui infliger l'absolu pour résorber le relatif – infliger une perte irrémédiable (la mort dans son absoluité définitive) pour remédier à une privation de dignité seulement relative (la dignité conditionnée). L'analyse pourra bien sembler abstraite – quel son rend-elle aux oreilles de l'homme qui se tient au chevet d'un proche atteint de graves et irrémédiables symptômes ? –, elle tente seulement de faire droit à une gêne qu'aucune décision nette, aucun emportement idéologique, ne pourra jamais résorber. D'un autre côté, nous le savons, la perte de la dignité conditionnée n'est-elle pas, en elle-même, sujet d'effroi ? Doit-elle être tenue par négligeable ? La raison peut-elle éteindre l'inquiétude ?

S'agit-il à présent du statut de l'individu ? On y retrouve la même tension entre l'absolu et le relatif.

La tradition juive soutient à la fois que l'individu est, comme individu, irremplaçable, et en même qu'il s'inscrit dans une histoire et une transmission qui en quelque manière l'arrachent à lui-même et le restituent à une lignée. Grandeur de l'individu : « Un homme frappe du même coin maintes médailles, toutes identiques entre elles. Mais le Saint Unique (béni soit-il) frappe chaque individu d'après le type du premier homme, sans qu'aucun ressemble à aucun autre[1]. » L'unicité de l'individu reflète l'Unicité divine et confère à l'individu comme tel, insubstituable, une grandeur propre. Après la Shoah, il fallait que chaque victime fût nommée et que son identité propre et insubstituable fût rapportée. Mais d'un autre côté, le judaïsme ne cesse de penser le dépassement de la mort individuelle par la transmission et l'histoire. Songeons à Rabbi Yohanan ben Zakkaï contrefaisant le mort et sortant clandestinement de Jérusalem assiégée pour obtenir de Vespasien la ville de Yabné où il pourrait fonder l'école qui sauverait le judaïsme de sa définitive décomposition[2] : la mort jouée aura sauvegardé la vie ! Ainsi les morts n'étaient-ils point tout à fait morts, car se maintenait vivant ce pour quoi et par quoi ils avaient vécu. Ainsi la transmission empêche-t-elle qu'on meure jamais tout à fait :

1. Talmud de Babylone, *Sanhédrin*, 38a.
2. Talmud de Babylone, *Guitin*, 56b.

toujours le plus spirituel de l'âme se maintient et se transmet, et par là résiste. Le roi est mort, vive le roi. L'insubstituabilité de la personne signe l'arrêt de l'histoire ; la transmission permet son prolongement et sa prolongation incessamment renouvelée. La mort doit se penser dans cette double polarité.

Il en va de même pour le concept de vie, *haïm*. D'un côté, le judaïsme refuse toute interprétation de la vie autre que biologique : vivre, c'est d'abord respirer, se nourrir, jouir de fonctions vitales performantes. Nulle interprétation spirituelle, nulle métaphorisation ne dispensera de penser que la mort est la fin, la fin absolue de l'être vivant. D'un autre côté, pourtant, la dimension vitale de l'existence est irréductible à la biologie : elle est accomplissement du bien, de la *mitsva*. Dans cette mesure, il faut inverser le discours convenu : la mort n'est pas tant le mal premier qui donne son caractère de mort à tout mal quel qu'il soit, mais c'est au mal accompli que la mort biologique emprunte son caractère de négativité. Autrement, comment comprendre le verset biblique : « J'en atteste sur vous, en ce jour, le ciel et la terre : j'ai placé devant toi la vie et la mort, le bonheur et la calamité ; tu choisiras la vie ! Et tu vivras alors, toi et ta postérité » (Dt 30, 19) ? La vie ici est autant une option possible que la condition même de toute alternative : la liberté de choix se place sous la condition de la vie même, qui inaugure le choix. Dès lors, la vie et la mort ne sont pas deux possibilités qui se présentent également, mais deux options qui s'enlèvent sur fond de la vie, la vie n'étant rien d'autre que la possibilité même du choix : « Vois, je te propose en ce jour, d'un côté, la vie avec le bien, de l'autre, la mort avec le mal » (Dt 30, 15) : la vie accompagne le bien comme la mort le mal – mais c'est alors du bien et du mal que la vie et la mort tirent leur valeur. L'axiologie est d'abord éthique, non biologique. Ce n'est pas parce que la mort est négativité qu'une action mauvaise *au sein de la vie* sera jugée comme relevant de la mort, mais parce qu'une action est mauvaise que la mort pourra, par emprunt, tirer d'elle sa négativité. La mort est alors négativité d'emprunt, négativité seconde, secondaire. La plus absolue négativité ne se tire pas de la mort même, mais de l'action mauvaise. Mais d'où l'action mauvaise tire-t-elle sa négativité ? De cela même qu'elle est proscrite ; ce n'est pas la mort qui négativise l'interdit, c'est l'interdit qui ouvre la mort et par là même la négativise. D'où les deux trajets toujours présents dans le judaïsme : une considération de la mort comme fait biologique, vital, et donc comme définitif et absolu ; et une secondarisation de la mort comme négativité d'emprunt ou secondaire, en tout cas relative.

Reste enfin le concept de repos éternel, de « monde qui vient », *olam haba*. Là encore, la tradition juive alterne. D'abord le terme lui-même demeure équivoque : entend-on par *olam haba* le monde des âmes dépouillées de leurs corps – ce que la tradition appelle vulgairement « le Paradis » – ou le monde instauré ici-bas, *après* l'histoire, par la venue du Messie ? Et ce messie lui-même, est-il à espérer dans une attente qui puisse un jour recevoir quelque remplissement intuitif, comme si la « fin de l'Histoire » pouvait advenir en un jour précis, à une date assignable ? Le messie n'est-il pas au contraire dans le secours que chacun prodigue à l'autre quand il le « console » et le considère comme visage ? La rupture du temps dans le pour-autrui serait alors messianité même[1] ! Ces amphibologies révèlent l'essentiel recouvrement de l'*après* et du *maintenant*. Considère-t-on la mort comme absolue ? L'éternité sera alors ajournée et renvoyée à l'autre du monde, au définitivement autre, dans l'espace irréel où nul n'a jamais pénétré. Car la vie se joue ici-bas, et seulement ici-bas : mourir ne consiste point à regagner le Père, mais tout simplement à *ne plus* vivre, *ne plus* étudier la Torah, *ne plus* éduquer ses enfants, *ne plus* lire, *ne plus* écrire, *ne plus* chanter, aimer ou danser ; la mort obéit d'abord à la structure du « *ne-plus* », et à ce titre elle est à craindre, moins par appréhension du monde d'après, que par regret de ce qu'on

1. Voir E. Levinas, « Textes messianiques », in *Totalité et infini*, Paris, Albin Michel, 1963.

laisse[1]. Si éternité il y a, elle ne peut donc appartenir à la vie, la pénétrer ou y darder sa singulière lumière. Mais que la mort apparaisse par les mille et une expériences relatives qui l'insèrent dans le tissu ordinaire de notre vie indéfiniment reconduite, et alors l'éternité change de sens : c'est elle à présent qui est ici-bas, déjà là ; elle est dans la récompense qui se tire de la vertu elle-même, dans la joie d'accomplir la *mitsva*. Alors la mort disparaît comme absolu, l'éternité se donnant seulement comme trace de la mort à même la vie. La mort est *hic et nunc*, tissée dans la vie même, au point que les multiples événements de la vie peuvent déjà être lus comme des rétributions ou des châtiments *praesente tempore* des actions humaines, comme s'il y avait on ne sait quelle justice immanente. Le *Phédon* de Platon enseignait que « philosopher c'est apprendre à mourir » ; on a souvent mésinterprété cette phrase et fait du platonisme (et de la philosophie) une école de la mort – Platon n'aura rien suggéré de tel : ce à quoi il invitait, c'était à mener une vie *selon la mort*, c'est-à-dire conforme à l'âme dépouillée de sa résidence charnelle. Apprendre à mourir ne voulait alors rien dire d'autre que vivre *selon l'âme*, mais c'était toujours vivre cette vie

1. Voir Bayle, art. « Lucrèce », *Dictionnaire historique et critique* (1695) : on peut refuser la mort, non parce qu'on la craint, mais parce que « l'amour de la vie est [...] enracinée dans le cœur de l'homme ». L'argument des épicuriens n'était donc pas « bien arrangé ».

même, celle-ci, car de toute autre on ne pourra parler que par mythes. C'est d'une telle vérité que le judaïsme – du moins une certaine tendance en lui – nous persuade aussi : vivre selon la mort, c'est faire le bien, ici même, et tirer ici même encore la récompense de l'éternité. La mort biologique, l'interruption absolue du souffle, compte finalement peu : seul compte la manière dont nous aurons rempli notre vie. Voilà pourquoi les *Maximes des Pères* incitent à « revenir à Dieu avant le jour de notre mort » : ce jour étant incertain, la veille est toujours aujourd'hui même : tout instant du temps est *kaïros*, et la vie éternelle réside dans l'indépassable ici et l'inajournable maintenant.

Des contradictions de la mort, il ne fallait pas s'attendre à ce que le judaïsme pût s'extraire par quelque singularité inexplicable. Il ne tient sa force qu'à les habiter d'une manière exceptionnelle, et d'abord à les assumer vigoureusement, refusant tout unilatéralisme de principe qui aurait raison dans ce qu'il avance et tort dans ce qu'il refuse[1]. Nous n'en avons décrit que quelques-unes, en sacrifiant d'autres qu'on gagnerait à explorer[2]. Voilà pourquoi il constitue aujourd'hui une saine ressource pour la

1. Voir les textes collationnés par A. Cohen, *Le Talmud*, trad. fr. J. Marty, Paris, Payot, 1991, p. 168-172.
2. Telles les contradictions des rabbins sur la résurrection des morts : voir A. Cohen, *op. cit.*, p. 593.

réflexion éthique : *parce qu'il ne refuse aucun fait*[1]. La mort est à la fois interruption et continuation ; prorogation et menace ; biologique et spirituelle ; toujours ajournée et toujours déjà-là. Choisir l'une de ces deux voies contre l'autre, c'est se fermer à sa complexité et, en prétendant répondre trop tôt aux questions qu'elle pose, éteindre le Grand Quoi.

1. D'où l'importance de l'apport juif à la réflexion éthique en Europe : voir R. Krygier, « En Europe, les Juifs » (Entretien avec N. Masson et J.-L. Schlegel), *Esprit*, 2007/3, p. 59.

La mort, une dimension essentielle de la vie

Mgr Dimitrios Ploumis
Métropolite de France et président de l'Assemblée des évêques orthodoxes de France

Mourir fait avant tout partie de la condition humaine. Pendant longtemps, l'humanité a vécu la question de la mort à la campagne, dans un cadre communautaire au sein de traditions spirituelles. Aujourd'hui, celle-ci vit cette question dans des villes, sans lien communautaire et dans un contexte sécularisé. Cette situation nouvelle étant génératrice de solitude et de souffrance, l'État a décidé d'agir en prenant en charge la fin de vie. Le sujet revenant souvent sur le devant de la scène sociétale, l'Église orthodoxe y voit une opportunité de contribuer, dans le respect du principe de la laïcité, à un débat qui polarise l'opinion publique, en faisant des propositions inspirées par son expérience humaine, sa vision morale ainsi que sa longue tradition spirituelle. Elle entend surtout offrir une réponse claire et pacifiée aux problèmes pratiques, moraux et symboliques que soulève la fin de vie, quand bien même ces aspects s'entremêlent et se confondent.

Aspects pratiques : la question de l'acharnement

Pour l'orthodoxie, il importe de défendre les services de soins palliatifs et notamment ceux qui ont été mis en place par François Mitterrand en 1985. Si beaucoup reste à faire, ceux-ci ont le mérite d'exister et de ne pas laisser à l'abandon les mourants tout en soulageant les familles. Images de l'honneur de la société française, ils sont des exemples de dévouement de la part d'un personnel soignant qui mérite d'être salué pour la qualité de son engagement.

Car il existe dans la société contemporaine un désir d'acharnement thérapeutique. Ce désir est le fait : 1) de convictions religieuses posant comme priorité la garantie de la vie humaine en raison du caractère sacré conféré à celle-ci ; 2) de médecins désireux de faire leur devoir de médecin qui est de sauver les vies humaines en péril ; 3) de familles désireuses de conserver auprès d'elles un être cher ; 4) des médias, de la justice et des politiques soucieux de défendre le bien-être et les droits des citoyens au nom de la démocratie.

Si désirer protéger et sauver la vie est hautement respectable, il importe de distinguer le respect de la vie de l'obstination déraisonnable. Or, il arrive parfois que l'on s'obstine à vouloir sauver la vie, dans un cadre religieux par simple attachement à la lettre de la foi – c'est un commandement de Dieu –, dans le cadre médical par orgueil, dans le cadre sociétal du fait d'intérêts éditoriaux, sociaux ou électoraux. D'où la nécessité de ne pas s'acharner, afin de ne pas faire souffrir inutilement le malade, mais aussi afin de lutter contre les passions idéologiques ou personnelles qui aveuglent parfois la société. Dans ce contexte, apaiser les douleurs d'un malade en recourant à la morphine en quantité adéquate comme on le fait aujourd'hui est une mesure de bon sens ainsi qu'un progrès. En revanche, il arrive qu'une dose de morphine plus élevée soit à l'origine de la mort du malade. La question de l'intention et du libre-arbitre devient alors centrale. Certaines voix se lèvent en dénonçant là une forme d'euthanasie passive sans intention de donner la mort, d'autres y voient une forme d'hypocrisie à travers une euthanasie active n'osant pas dire son nom. Mais une chose est le curare que l'on injecte en sachant que l'issue sera fatale, une autre l'injection de morphine dont l'intention n'est pas de tuer, mais de soulager. Il n'y a aucun mal à vouloir soulager un individu, même si cela peut avoir comme conséquence possible la mort, alors qu'il y en a pour tuer directement. Ce geste, pour être légitime, demande cependant une refonte complète du Code pénal.

De même, on ne peut pas soigner indéfiniment un malade pour satisfaire certains mouvements religieux, certains médecins, ou par peur de la réaction des familles et des médias. Il y a un moment où il faut savoir arrêter de soigner. La médecine a la possibilité de faire vivre un patient en état végétatif. Arrêter de soigner n'est pas arrêter la vie, mais arrêter la médecine. Certes, on connaît le cas de grands comateux revenus à la vie après une longue période. Cela veut dire qu'il faut prendre la décision d'arrêter les soins en tenant compte des directives anticipées du patient s'il y en a et de la famille.

La loi Leonetti, votée à l'unanimité, a mis en place tout un dispositif législatif légitimant l'arrêt des soins. Peu connue parce que peu ou mal diffusée, cette loi n'est pas appliquée. Il faut à la fois la diffuser et l'appliquer. Elle permettrait, par exemple, de se pencher avec pertinence sur le paradoxe lié à l'usage de la sonde gastrique préconisé par les personnes les plus en faveur de l'euthanasie. Si une culture du non-acharnement se met en place dans le cadre de la médecine, le malade peut contribuer à cette culture en émettant des directives anticipées auprès d'une personne de confiance.

Aspects moraux : l'euthanasie et le suicide

La question de la fin de vie pose celle de l'euthanasie. Faut-il autoriser la médecine à mettre fin aux jours d'un malade ? Faut-il répondre favorablement au désir d'un malade d'être euthanasié ? Tout le monde est conscient qu'il existe des cas extrêmement douloureux devant lesquels le cœur se serre.

Reste qu'aux yeux de l'Église orthodoxe, la société se trompe en croyant voir dans l'euthanasie une réponse à la souffrance humaine. Beaucoup de gens s'imaginent le cas individuel d'une personne qui souffre et pour qui l'euthanasie va apparaître comme la solution. Ils ne se rendent pas compte pas qu'en portant le rétablissement du droit de tuer, ils vont non pas résoudre des problèmes, mais en créer. Le Code civil se fonde sur l'interdit du meurtre et notre civilisation repose sur la parole de Dieu à Moïse : « Tu ne tueras pas » (Deutéronome). Cette parole, que l'on retrouve dans le serment d'Hippocrate, protège la vie humaine ainsi que sa dignité. Si l'euthanasie est légalisée, ce fondement sera remis en cause.

La société contemporaine repose sur l'abolition de la peine de mort. Si l'euthanasie est légalisée, ce qui a été aboli sur un plan pénal sera rétabli sur un plan médical. C'est la raison pour laquelle François Mitterrand, qui a fait abolir la peine de mort, a dit :

« Je n'ai pas fait supprimer la peine de mort sur un plan pénal pour la rétablir dans le domaine médical. » La législation française dispose déjà de deux lois (la loi Leonetti de 2005 et la loi Claeys-Leonetti de 2016) sur le droit des malades et la fin de vie. Or, l'effet de ces lois n'a jamais été évalué.

Enfin, il faut songer aux jeunes et au message qui sera donné si l'euthanasie est légalisée. De fait, il sera dit que tuer ceux qui souffrent est la seule réponse aux grandes souffrances de la vie. Qu'est-ce que cela, sinon la réponse la plus désespérée que l'on puisse donner au sens de la vie et derrière elle non seulement la légalisation, mais la légitimation du désespoir ? Quand la société contemporaine ne fait pas de l'euthanasie une réponse à la souffrance, elle voit dans le suicide une liberté en demandant au législateur de le reconnaître comme un droit et à la médecine de l'assister pour le réaliser. Ce qui invite à s'interroger. Le suicide est-il une liberté ou plutôt un drame ? Quand on est libre, a-t-on envie de se suicider ou vice-versa ?

En outre, on veut faire du suicide un droit. Cette transformation du cadre légal entourant la fin de vie appelle de nombreuses questions. Le suicide peut-il être un droit ? Vouloir disposer de soi jusqu'à se donner la mort ne relève-t-il pas de la volonté de puissance qui existerait sous l'effet d'un libéralisme échevelé proprement asocial, comme le montre Dostoïevski dans son *Idiot* ? On pourrait disposer de sa mort comme on veut si l'on était seul au monde et si se tuer n'avait pas de conséquences sur autrui. Mais le suicide est toujours un acte d'une profonde tristesse. Cet acte brise l'entourage de celui qui le commet. Dès lors, si demain le législateur le légalise, il va aussi légitimer le droit de briser des vies.

Dans cette perspective, il importe de souligner également que, si le suicide est une violence et pas un acte de liberté, cette violence n'est pas simplement relative à l'entourage dont il peut briser la vie, mais à l'égard de la société en obligeant celle-ci à prendre en charge cet acte. De quel droit peut-on obliger quelqu'un à tuer quelqu'un d'autre sous prétexte de lui porter assistance ? De quel droit peut-on faire payer cet acte par la société ? Assister quelqu'un au suicide, qu'est-ce, sinon obliger un autre à devenir l'assassin ?

Les partisans de l'euthanasie pensent que là se trouve la solution qui permet d'apaiser les souffrances humaines. Ils oublient que c'est la médecine qui résout la question de la souffrance et non la mort. De même, les partisans du suicide pensent que l'on prouve sa liberté en se donnant la mort. Ils oublient que l'on prouve sa liberté en vivant. Sous prétexte de lutte contre la souffrance et de liberté, la culture contemporaine est en train de basculer dans une culture de mort. Résultat : plus l'atmosphère est mortifère, plus l'envie du suicide monte. Plus l'envie du suicide monte, plus l'atmosphère est mortifère. D'où l'urgence de revenir à une culture de la vie.

Tous ces questionnements ont poussé l'Assemblée des évêques orthodoxes de France à prendre une position particulièrement claire quant au grand débat sur la fin de vie ouvert par le président Emmanuel Macron, qui envisage notamment la possibilité d'un « accès légal à une assistance au suicide » pour les malades atteints de « maladies graves et incurables provoquant des souffrances réfractaires et dont le pronostic vital est engagé à moyen terme ». Nous rappelions dans notre déclaration en date du 12 janvier 2023 :

> Il nous semble donc plus important et plus urgent de travailler nos représentations de la maladie et de la mort dans nos sociétés et d'explorer les pratiques médicales, en particulier celles des soins palliatifs, avant de procéder à une éventuelle évaluation de la loi allant dans le sens de rendre possible « un accès légal à une assistance au suicide ».
> [...]
> La condition humaine devrait toujours être envisagée à la lumière de la Résurrection du Christ. La riche tradition de l'Église orthodoxe ne cesse de le montrer par son enseignement théologique et par l'ensemble des pratiques ecclésiales et liturgiques. Selon la théologie orthodoxe, l'objectif final de toute vie est la communion éternelle avec Dieu,

or celle-ci est indissociable de la relation profonde et attentive que tout être humain (peu importe son état de santé mentale, physique ou autre) a avec l'ensemble de la création divine (les autres êtres humains, mais également avec les animaux, les plantes, etc.). Il est vrai qu'en considérant la vie comme un don éternel de Dieu, la mort reste un dernier ennemi. Or celui-ci a été vaincu une fois pour toutes par la mort et la résurrection du Christ. Depuis, la mort est transformée en un « passage » bienvenu, qui nous guide vers la vie éternelle de communion joyeuse qui ne connaîtra ni fin, ni souffrance, ni séparation.

Aspects symboliques : la question du sens

Pour l'Assemblée des évêques orthodoxes de France :

> Les communautés ecclésiales devraient donc porter une attention particulière aux personnes souffrantes et malades. Elles devraient également rechercher parmi les voies existantes ou en créer de nouvelles pour repenser et renforcer ses pratiques du soin. Elles peuvent non seulement prier pour les personnes malades, mais mettre en place des aumôneries là où elles n'existent pas, ou renforcer celles qui existent, où les personnes formées pourraient accompagner de près les personnes souffrantes

ainsi que leurs proches. Dans cette perspective, les aumôniers chrétiens pourraient renforcer les rangs de ceux qui œuvrent dans les soins palliatifs. Ils pourraient ainsi être à l'écoute des questions et des peurs qui accablent les personnes en fin de vie et leur épargner le sentiment de solitude et d'abandon. Ils pourraient aider à la préparation à une mort où les valeurs premières, c'est-à-dire spirituelles, seraient respectées, à savoir, que le malade puisse maintenir autant que possible une relation consciente et personnelle avec Dieu et avec le monde qui l'entoure, qu'il puisse se confesser et communier une dernière fois, et qu'il se sache accompagné par la présence, l'amour et la prière de ceux qui le remettent doucement et paisiblement entre les mains de Dieu. D'autres pratiques pourraient être également envisagées au cours de l'accompagnement des malades et de leurs proches qui pourraient les fortifier dans l'espoir que la mort n'a et n'aura pas le dernier mot.

La société contemporaine, après avoir évacué la mort, ne veut entendre parler de celle-ci que sous son angle pratique et matériel. Ayant comme désir que celle-ci se produise le plus vite possible et, si possible, sans conscience, elle fait tout pour évacuer les questions liées au sens de la mort. Les aspects symboliques qui entourent la fin de vie sont comme autant de rites (séculiers ou religieux) ou de gestes par lesquels le soutien et l'espoir se transmettent. Car il faut savoir que l'on n'évitera pas une telle question du sens, mourir ne pouvant se faire sans un minimum de sagesse et de spiritualité que la ritualisation des gestes et des prières entend signifier de manière symbolique.

On peut imaginer l'extension de ce principe en mettant en place, dans les services de soins palliatifs, des ateliers de réflexion sur la vie et son sens associant soignants, malades, familles, mais aussi des responsables religieux de différentes traditions en offrant aux services d'aumônerie une place plus centrale dans le processus de soulagement. Dans l'Église orthodoxe, il existe une série de prières (pour les malades, pour la séparation de l'âme et du corps, etc.) ou de sacrements (en particulier la communion eucharistique et l'onction des malades) qui rappellent l'appartenance communautaire de l'expérience religieuse. Beaucoup de personnes au seuil de la mort sont déprimées, en ayant une impression d'absurdité ainsi que d'inutilité de la vie parce qu'elles vont mourir. On peut faire beaucoup pour les aider à ne pas désespérer, simplement en les invitant à prier et en conviant ceux qui les entourent à prier pour eux. Manifestement, nous ne sommes pas là pour rien, mais pour la vie, et une vie qui trouve son accomplissement en Dieu et se réalise en le Christ. Dans ce cadre, aucune vie n'est vaine. Toute vie est utile et a du sens. L'observation de la vie montre que celle-ci fait passer par toutes sortes de transformations : la naissance, l'enfance, l'adolescence, l'âge adulte, la maturité, la vieillesse. Pour la théologie orthodoxe, le Christ est lui-même passé par toutes ces étapes, par la souffrance et la mort. En cela, nous ne sommes pas seul face à la souffrance, car elle a été assumée par le Christ au cours de sa passion. On peut faire beaucoup contre le désespoir en envisageant la mort comme une transformation à travers les âges de la vie et une participation au mystère salvifique du Christ, un passage, une pâque.

Voir la mort comme une transformation conduit à changer notre point de vue sur celle-ci en s'apercevant qu'elle n'est pas le contraire de la vie mais de la naissance. En mourant, on permet à des forces neuves et jeunes de prendre le relais. Aussi mourir est-il une œuvre de transmission et non un basculement dans le néant.

À ce titre, la mort faisant œuvre de vie, on se trompe quand on pense que mourir consiste à quitter la vie – la mort consistant à quitter le monde et non la vie. Une preuve de cela : la solidarité qu'il peut y avoir entre les vivants et les morts. On imagine les morts comme étant anéantis. C'est la puissance du mystère de la résurrection. En fait, les morts sont très présents. Grâce, certes, à la mémoire qui les fait vivre par la prière, mais aussi grâce à leur souvenir faisant vivre la mémoire collective. D'une façon générale, tout vivant a inscrit quelque chose dans la mémoire du monde et des hommes et continue de le faire.

Pour résumer le sens de l'approche orthodoxe de la fin de vie, on peut dire que celui-ci se caractérise par trois éléments inséparables les uns des autres. Le premier est un élément de sagesse. S'il importe de sauver des vies et de soigner celles-ci, il convient de ne pas s'acharner en apprenant pour cela à ne pas rentrer dans un orgueil religieux, idéologique, médical, familial ou personnel, désireux de conserver la vie à tout prix. Le deuxième élément est un élément de résistance : que la société contemporaine n'imagine pas que l'euthanasie et le suicide sont des solutions. Si le législateur les légalise, il est à craindre que de nombreuses complications ou dérives voient le jour. Il est en tout cas certain qu'en faisant un tel choix, la société va opter pour une culture de mort qui ne sera pas sans conséquence elle non plus. D'où le troisième élément à ne pas négliger, à savoir le combat de la prière pour une culture de la vie au sens de transmission : action créatrice par laquelle se forge la mémoire des vivants et des morts.

Le visage tourné vers la Face

Denis Malvy
Professeur de médecine (Université et CHU de Bordeaux), prêtre et théologien orthodoxe (Centre Dumitru Stăniloae de Paris)

> « Il n'y aurait peut-être que deux mots, deux mots pour se déplacer : ici : qui accueille, là-bas : qui raccompagne[1]. »

L'homme du XXIe siècle s'est persuadé d'avoir à sa portée de vaincre bien des tabous, dont ceux de de la fragilité et de la mort. Néanmoins, avançant en âge ou convoqué par la maladie ou l'invalidité, se rappelle à lui le murmure interrogatif du « Déjà ? ». En écho, le deuil fait résonner la séparation de celui ou de celle auquel l'être humain est peut-être attaché, parfois sans avoir su le vivre ou le lui dire. Le voilà confronté à d'inédites limites et au-delà, au temps venu ou proche d'une saison nouvelle, celle de la fin de vie. De mort, il n'est pas convocation ;

1. T. Metz, *L'homme qui penche*, Nice, Éditions Unes, 2017.

à l'inscription d'un retournement, d'un nouveau à venir dans la vie non encore achevée, il y a invitation. Rien n'est à perdre tant qu'il reste un chemin à parcourir dans une vie désirable, passionnément désirable, jusqu'au bout.

L'appropriation du chemin et de la fin de vie ne peut pas faire l'économie des questions spirituelles qu'elle nous pose. Quel sens la fin de vie prend-elle pour nous ? Ce sens est-il partageable et avec quelle perspective pour notre monde en train de passer ? Avec quelle conviction, quelle foi, quels espoirs pour nous, pour autrui, pour la collectivité, pour le monde ? Avec quelles promesses en termes d'horizons de Salut ? Autant de questions auxquelles un homme de foi, engagé dans la confession chrétienne orthodoxe tente ici non pas d'apporter une réponse, forcément rétrécie, peureuse ou tentée par quelque monopole, mais d'en partager le souffle, l'exigence, l'urgence, et à travers un parcours composé de plusieurs stations. La première revendique le temps long propice à la formulation et à la communication de l'« au revoir » en amont du « départ », du trépas. La suivante rend témoignage pour le temps présent de la coopération entre accompagnement spirituel et soin, considérant tant leurs échelles respectives que leur mission commune de compassion, face à la personne humaine en souffrance inhumaine. Cette coopération est abordée en humilité et acception de principes porteurs du soin, du *care*, tel le parcours décisionnel centré sur le patient et son entourage, le renoncement à la contribution active donnant la mort. En avançant, la dernière station concerne la fête par laquelle culmine l'année chrétienne, achevant la couronne bénie de la sanctification du temps. Au-delà de l'issue d'une simple succession de fêtes, le mystère porté par cette fête nous dit la fin de vie d'une figure humaine exemplaire dans l'économie du Salut, celle que la prière nomme « Temple sanctifié », et plus communément Mère-de-Dieu.

« Et en ce jour-là, le soir étant venu » (Mc 4, 35)

En arpentant un chemin, bien des événements inattendus savent accompagner les mois précédant le départ de la vie terrestre, dès lors qu'il s'agit de transmettre, de se retrouver, de se réconcilier, de s'éduquer aux différents visages et aux séquences successives de l'unique « au revoir ». Élaborer l'« au revoir » dit l'intime, les jours heureux, comme les espoirs et l'inaccompli. En deçà, élaborer l'« au revoir » mérite l'attention et mobilise la vigilance de bien des années – peut-être de toutes celles d'une vie – et hors du seul motif que la mort peut être soudaine, comme souvent en témoigne le sort de l'homme. « L'homme ! Son séjour est comme l'herbe, il fleurit comme la fleur des champs, un souffle passe et il n'est plus » (Ps 103 (102)[1], 15-16).

Dans la tradition biblique, plusieurs récits adressent autant de jalons de préparation au départ ou de familiarisation avec les heures dernières des proches. Ils témoignent de l'imprévu et du nouveau dans le « faire alliance », transmis dans les paroles d'adieu, ordres particuliers ou prédictions. Ainsi, le récit éclatant de Tobie montre le malheureux aveugle, donnant à son fils des avis de conduite vertueuse en même temps que des recommandations individuelles (Tob 4, 1-21). Guéri, la vue recouvrée et parvenu à un très grand âge, le pieux Tobie reçoit une lumière prophétique afin de pourvoir au sort de sa descendance avant la ruine de Ninive (Tob 14, 3-11). Ce récit porte en partie le cadre de l'écriture de l'Icône de l'archange Raphaël, dite icône de la guérison.

Et en poursuivant car on ne peut conclure, suit la dernière parole de Silouane l'Athonite (1866-1936), un saint de l'Église orthodoxe qui vécut au monastère Saint-Pantéléimon du Mont Athos : « Je ne peux pas mourir car je n'ai pas assez d'humilité », et quelques instants plus tard, il rendit l'esprit en disant : « Glorifié soit le Seigneur dans toutes Ses œuvres. »

1. Entre parenthèses, numérotation selon la traduction de la Septante, utilisée par les orthodoxes.

Le sacrement du frère

Il ne faut pas déroger au Souffle. Cela, le soignant – celui du corps et de l'âme – doit l'endosser, assumant son rôle de veille, d'inspiration et de lanceur d'alerte, pour tous les vivants. Veilleur et guetteur de la justice, veilleur et guetteur du soin, veilleur et guetteur de l'ouverture aux possibles, veilleur et guetteur de la fraternité, et à son échelle veilleur et guetteur pour la maison d'Israël (Ez 33, 7-9). À l'orée du mot « là-bas » devenu « ici » et maintenant, quelle réponse à la question du « qui accompagne ? » assortie de : « jusqu'à quel seuil ? » Quand sont achevés les jours de la vie et au chevet des agonisants, soignants et pasteurs dans le ministère religieux aux côtés des proches, accompagnent et apaisent le trépas. De même et en miroir, au moment de la vie au monde, l'empathie et l'empressement sont prodigués par ceux, parents et accoucheurs, qui accueillent et entourent le nouveau-né. Ces deux temps, l'émission du premier cri comme celui du dernier souffle, parfois interchangeables comme chez Benjamin Button[1], figurent la frayeur de la naissance à un monde vaste et inconnu.

1. Le héros de l'intrigue fantastique qui naquit vieillard usé et ridé est guetté par l'enfance et se résolut à mourir petit enfant avec l'arôme du lait comme dernier souvenir (F. S. Fitzgerald, *The Curious Case of Benjamin Button*, 1922 [*Colliers Magazine*], *Les Enfants du jazz*, trad. par S. Mayoux, Gallimard, 1967).

Dorénavant, la sécularisation et l'érosion de la pratique religieuse éloignent nos contemporains des habitudes sociales qui faisaient se rassembler toute la famille autour du lit d'agonie et la conduisait à prier au moment du départ d'un de ses membres en invoquant la Sainte Trinité et le cortège des Anges ou des Saints, en situant chaque mort chrétienne dans le cadre de l'histoire du Salut et de la compagnie de tous les délivrés, les libérés, les sauvés. Et si, souvent, l'homme rend son dernier soupir éloigné de son lieu de vie, seul, la nuit, et isolé, céder au déni de la mort, c'est aussi oublier le propre de la vie, puisqu'on ne nous reprend que ce qui nous a été confié.

En contre-glas, lorsque le fidèle orthodoxe s'est endormi (tel est le terme signifiant « décédé »), il est veillé jusqu'à son ensevelissement et ceux qui sont présents se relayent pour lire le psautier d'une manière ininterrompue. Puis vient l'office des funérailles inauguré par la procession funèbre et ponctué par l'enterrement, normalement célébré cercueil ouvert, visage et mains découverts, avec le rite de l'*aspasmos* (littéralement « salutation »). Il s'agit d'un rite d'importance réalisé par le dernier baiser déposé par les fidèles sur le front du défunt avant de fermer le cercueil pour son inhumation. Ces éléments concourent à permettre par expérience la vie commune qui subsiste entre le monde des vivants et celui des trépassés, ceux qui sont passés au-delà.

« Passons à l'autre rive » (Mc 4, 35)

De ce passage à l'autre rive, que savons-nous ? Certainement plus que la simple évocation d'un lieu mystérieux ou de l'accostage sur une berge du lac de Tibériade vers le haut d'une montagne où nous sommes attendus.

La tradition orthodoxe comporte plusieurs signes et sacrements dans sa dispense du soin pastoral et spirituel tout au long des événements qui amènent vers la fin de la vie. Le sort commun, c'est que l'homme s'achemine graduellement vers la mort. Il passe par la vieillesse et par la maladie. L'Église le soutient durant ce combat. Cela commence par la visite des malades. Le rituel prévoit une série de lectures et des prières à dire devant le malade. Jusqu'au moment de son dernier voyage, la participation à l'Eucharistie est déclinée à son chevet, le pain de vie, gage de de résurrection : « Celui qui mange ma chair et boit mon sang a la vie éternelle et je le ressusciterai au dernier jour » (Jn 6, 24). En avançant, une bénédiction particulière ayant recourt à la lance eucharistique[1] prolonge d'ailleurs la place cardinale occupée par le sacrement. Dans le cours de la maladie, en particulier lorsqu'elle s'aggrave, on en vient à un sacrement spécial : l'onction des malades (*euchelaion*). Unique parmi les autres

1. Petit couteau liturgique utilisé pour inciser et couper les prosphores (pain béni dont une part sera consacrée) de la Liturgie, prenant son nom de la lance dont s'est servi le soldat pour percer le côté du Christ (Jn 19, 34).

pratiques d'onction, ce signe sensible porteur de la grâce a pour but de réconforter le chrétien dans la maladie et même, si c'est possible, de conduire à la guérison. Son témoignage apostolique et irrécusable[1] se détache du récit de l'apôtre Jacques consigné dans Jc 5, 14, *sq* jusqu'à la fin de toute l'épître. Par ce sacrement, la prière de la foi et la pénitence élèvent le malade à la réalité eschatologique; non seulement la maladie, mais la mort elle-même, sont dépassées et toutes mises au pied, dès ici-bas. En effet, l'*euchelaion* présente, dans son rite, comme dans ses prières, une doctrine de la souffrance, de la maladie et de la mort, à savoir que tous ces événements doivent être intégrés comme des étapes dans la perspective et la réalité même de la vie éternelle, laquelle est communiquée moyennant la foi[2].

Enfin, quand le malade entre en agonie, il y a des prières dédiées pour l'assister dans son dernier combat. Leur récitation trouve une cohérence dans un environnement catéchisé et évoluant en proximité

1. Du point de vue de la Tradition, trois éléments sont indispensables pour qualifier le caractère sacramentel et valoriser pleinement le signe sensible porteur de la grâce : l'origine apostolique, l'engagement de l'Église catholique dans sa globalité et enfin l'élévation à un état de vie nouveau et supérieur, c'est-à-dire le passage à l'ordre eschatologique, à la vie éternelle, communiquée aux croyants par la puissance de la Résurrection et de la Pentecôte.
2. Développé par Élie Mélla, « Le sacrement de l'onction des malades dans son développement historique et quelques considérations sur la pratique actuelle », *La maladie et la mort du chrétien dans la liturgie*, Rome, Edizioni Liturgiche, 1974, p. 192-228.

avec des usages cultuels ou de piété propres au contenu des prières. Dans l'accompagnement pastoral, ceci est souvent le témoignage, dans le paysage hétérogène d'une France déchristianisée, de la fin de vie et du trépas de personnes discrètes et modestes, parfois éprouvées toute leur vie terrestre durant, parfois issues de dispersions, exils et migrations. Nous citons en suivant des extraits[1]. « Seigneur notre Dieu [...], nous te prions [...] de transformer en repos la séparation de l'âme et du corps de ton serviteur (ta servante) N. Oui, Seigneur mon Dieu, exauce-moi à cette heure, malgré mon indignité de pécheur, et délivre ton serviteur (ta servante) N. de ces intolérables souffrances, de sa cruelle maladie, et donne-lui le repos là où se trouvent les esprits des Justes. [...] Ordonne donc, Maître ami des hommes, que l'âme de ton serviteur (ta servante) N. se sépare maintenant des liens de la chair et du péché [...]. Car tu es le repos de nos âmes et de nos corps, et nous te rendons gloire, Père, Fils et saint Esprit, maintenant et toujours, et dans les siècles des siècles. Amen[2]. »

1. *Grand Euchologe*, P. Denis Guillaume (trad.), [Rome, Diaconie apostolique, 1992], Moin, Damaskinos Grigoriatis, 2012.
2. La tradition occidentale possède une oraison de portée comparable, le *Profiscere*. Cette exhortation est une pièce euchologique issue de la liturgie pré-carolingienne du moment de l'agonie du chrétien et appartient à l'héritage de l'Église latine. « *Profiscere anima christiana de hoc mundo...* » « Pars de ce monde, âme chrétienne, au nom de Dieu, le Père tout-puissant, qui t'a créé, au nom de Jésus-Christ, le Fils du Dieu, vivant, qui a souffert pour toi, au nom du saint Esprit, qui a été répandu sur toi, au nom des anges et des archanges, au nom des trônes et des dominations... »

Dès qu'il a rendu le dernier soupir, la prière pour le défunt s'enchaîne naturellement à celles qui précédaient. Le défunt n'a pas quitté l'Église, il est passé de l'Église de la terre à celle du ciel.

« Nous ne devancerons pas ceux qui sont morts » (2 Thess. 4, 5)

Pour accompagner le chemin de l'homme, des prières inscrites dans le quotidien disent le temps et les jours impartis à la vie sur terre. Elles sont tant privées que partagées – et cela depuis l'enfance – au sein de l'église domestique et au cours des heures liturgiques célébrées dans les églises paroissiales et les monastères. Certaines de ces prières sont constitutives de litanies de rogations dans les services liturgiques. Elles demandent une poursuite et un achèvement de la vie terrestre dans la paix et la pénitence. Ces prières disent une fin de vie « sans trouble, sans angoisse, paisible » et sans douleur, faisant écho à la formule de l'apôtre Paul, qui proclame l'abolition par la résurrection du Sauveur Jésus de « l'aiguillon du péché » qui est la source de toutes les peurs.

« Ô Dieu, tu me regardes et me connais, tu vois quand je m'assieds et quand je me lève ; tu discernes de loin mes pensées, tu sais quand je marche et me couche, et tous mes chemins te sont familiers, et si je me couche au séjour des morts, je sais que te voilà » (Ps. 139 (140) : 1-3 et 8). Lorsque sonne l'heure de l'accompagnement des dernières heures chrétiennes du mourant, vient le temps de rendre à la mort humaine sa vraie dimension de communion à la Pâque du Christ. L'expérience de communauté chrétienne vécue, comprenant pèlerinages et fréquentation des monastères, constitue le socle de la préparation plus lointaine de la mort. Ce fondamental renvoie pour le croyant orthodoxe au cœur de la vie en Église, animée par l'accompagnement du Père spirituel. La paternité spirituelle définit l'Église, qui est le lieu où Dieu se manifeste comme Père, qui donne la Parole de vie, le Verbe et l'Esprit donateur de vie, comme ici-bas et à notre niveau le fait le Père spirituel qui propose une parole et sollicite la grâce et l'énergie pour la mettre en pratique.

« De la mort à la vie, de la Terre au Ciel » (Canon pascal de Saint Jean Damascène)

La révélation de Jésus le Christ a donné un nouveau visage à la mort. « Je suis la résurrection et la vie » dit-il à Marthe. « Celui qui croit en moi, même s'il est mort, vivra. Et qui vit et croit en moi ne mourra jamais » (Jn 11, 25-26). On comprend dès lors les paroles de l'apôtre Paul : « Ne vous attristez pas comme ceux qui n'ont pas d'espérance » (1 Th 4, 12). Sur ce chemin, la mort terrestre rencontre le contre-glas de la mort avec le Christ, scellée dans l'immersion des eaux du sacrement du Baptême qui nous acquiert à la vie nouvelle. Nul n'en a mieux témoigné que l'apôtre Paul : « Vous tous qui avez été baptisés en Christ, vous avez revêtu le Christ » (Gal 3, 27). Encore, nul ne l'a mieux dit que l'auteur de l'épître aux Corinthiens : « De même que nous avons porté l'image de l'homme terrestre, nous porterons l'image de l'homme céleste [...]. Tous nous serons transformés, il faut en effet que cet être corruptible revête l'incorruptibilité, et que cet être mortel revête l'immortalité » (I Cor 15, 49-51). Certes, la condition est l'expérience de la mort pour chacun et propre à chacun. Inscrits dans le processus même de la vie à la suite du péché originel, l'éphémère et la séparation sont écho à la loi de la nature humaine abîmée par la chute. Inscrit dans le temps qui lui est mesuré, quand il en atteint l'extrémité, l'homme meurt. Mais le Christ s'est volontairement intégré lui aussi dans le processus et il est ressuscité. Au basculement de l'homme dans le néant se substitue le seuil d'un processus nouveau. La mort est nommée par l'Église orthodoxe « issue, exode, passage, transit », tandis que les morts sont les endormis, entrés dans le Repos, en état de dormition.

« Nous sommes sa postérité » (Liturgie de la Dormition)

Sur le même sujet, la fête de la Dormition marque le point culminant de l'année liturgique. La fête de la Dormition parle de la fin de vie. Il s'agit de la célébration de la mort d'une femme occupant une place unique dans l'économie du Salut. La tradition orthodoxe la nomme Théotoque (translittération française du mot grec *Theotokos*), ce qui veut dire couramment la Sainte Mère-de-Dieu, et que la prière salue en rajoutant la dénomination de « et toujours Vierge Marie ». Elle est nommée la Mère-de-Dieu parce qu'elle a tissé dans son sein le corps humain du verbe de Dieu fait chair. Or, nous les hommes, nous sommes souvent appelés par l'hymnographie : sa jeune génération, sa famille, son héritage, sa postérité[1]. La dormition de la toujours Vierge indique la finalité réelle de la mort, à savoir la victoire de la vie, la résurrection à la suite du Christ. Elle est l'accomplissement du Salut.

Selon la tradition, la Mère-de-Dieu serait morte accompagnée et entourée des apôtres, réunis par l'Esprit à Jérusalem. Nous en rapportons une part du récit, qui narre les modalités de son départ et pose la perspective de son appropriation par le croyant. Pendant qu'elle priait, l'archange Gabriel lui est de nouveau apparu et lui a annoncé son décès, sa dormition prochaine. Après sa mort, les apôtres ont emporté sa dépouille mortelle en procession hors

1. Dans la théologie orthodoxe, la *Theotokos* figure le microcosme ecclésial, et en même temps l'icône de l'église, la Nouvelle Ève, comme son Fils est le Nouvel Adam, la « Mère de tous les Vivants ». Constantin Andronikof, « La Dormition », *Le sens des Fêtes*, Paris, Éd. du Cerf, 1970.

de la ville, à côté du Jardin de Gethsémani, dans une grotte inférieure et là, ils l'ont ensevelie. Un jour, au moment où l'apôtre Pierre allait se lever à la fin du repas partagé avec les apôtres, pour prendre le pain du Seigneur, la Vierge-Mère est apparue, et a pris le pain et en a fait elle-même l'élévation. Après son apparition, les apôtres sont allés à son tombeau et, l'ayant ouvert, ils ont constaté qu'il était vide. Ils ont ainsi compris que la Mère-de-Dieu était ressuscitée, comme son Fils, et qu'elle leur était apparue. Et que celle qui avait donné corps à Dieu ne pouvait connaître la corruption. Dans le langage théologique, c'est là l'effet de la compénétration de la nature divine dans la nature humaine de la Mère-de-Dieu, qui l'avait restaurée et lui avait fait bénéficier en prémices de la condition qui sera la nôtre à la résurrection finale. Tout en restant soumise à la loi du péché originel, qui est de mourir, la Mère-de-Dieu conserve l'image de Dieu sans souillure et intégrale. La Mère-de-Dieu franchit l'étape ultime de toute l'économie du Salut avant la Parousie (la fin des temps), d'une manière particulière qui n'est pas celle de tout un chacun. Elle ne subit pas le processus que connaissent les mortels outre-tombe. Elle n'attend pas au seuil du Royaume que s'accomplissent les destinées totales du monde. Bien au contraire, cette distinction n'implique en rien une exclusion à l'endroit de ceux inscrits dans sa postérité. Ainsi, dans la tradition biblique,

« Dieu n'a pas créé la mort [...] car il a tout créé pour l'Être » (Sag. I, 14). Or, ce qui est d'importance sur le chemin de la foi, c'est que la destinée de la Mère-de-Dieu atteste cet ordre naturel de la création. Telle est la destinée que Dieu veut pour chacun. Selon la parole remarquable de l'apôtre adressée à son disciple Timothée, « si nous mourons avec Lui, avec Lui, nous vivrons » (2 Tim 2, 11).

Les hymnes comme l'écriture de l'Icône de la fête de la Dormition mentionnent le corps de la toute Sainte, que les apôtres réunis pour accompagner son expire touchent et vénèrent. Ce mystère exhorte et conforte le croyant à susciter dans la prière une fin de vie simplement mais pleinement accompagnée et accueillie, à l'image de celle dont a été gratifiée la *Theotokos* et qui nous est adressée en prémices pour sa postérité. Grand est le mystère mu par la divine contradiction, d'une face l'accompagnement de la fin de vie, de l'Agonie de Jésus le Sauveur précédant le magistère éclatant qu'il pose dans la conduite de son arrestation et de son procès, les souffrances de sa Passion et sa mort volontaire : malgré sa supplique à la vigile, l'accompagnement de sa fin de vie par les hommes, les disciples, prise en défaut, en abandon et supplée par les Êtres incorporels ; de l'autre face l'accompagnement de la fin de vie de la *Theotokos* après s'être tenue devant la Croix et le tombeau vide : dans le Souffle du temps de la descente de l'Esprit donateur de vie, du temps de l'Église, l'accompagnement de sa fin de vie par les hommes, les disciples, providentiellement convoqués, acteurs à la suite de son exemple et vigiles à sa doléance. Ici qui accueille, et là qui accompagne ? Elle a été accueillante et elle a été accompagnée ; et elle est accueillie par Celui qu'elle avait reçue. Telle est la portée de l'office de la Paraclèse, un service d'intercession adressé à la *Theotokos*, pour la sauvegarde des malades et des mourants. Cet office vespéral très populaire est dévolu au carême de la Mère-de-Dieu dans lequel culmine la fête de la Dormition. Et encore, les offices de la fête portent la dimension volontaire, actrice et libre de la mort ; « L'arche très précieuse[1], se prépare maintenant à passer de la terre au ciel, en se présentant à la lumière divine qui vit éternellement [...], celle qui est la maîtresse de tous se met en mouvement au matin pour remettre son âme entre les mains du Fils, en se présentant à la demeure éternelle. » Ou encore : « Apôtres rassemblés des extrémités de la Terre, ensevelissez mon corps à Gethsémani, et toi, mon Fils et mon Dieu, reçois mon esprit. » Ainsi, de même que la toute Sainte avait accepté à l'Annonciation de donner sa chair au Verbe sous l'impulsion de l'Esprit donateur de vie, elle consent lors de sa dormition à passer dans l'autre monde, à franchir l'accès lumineux

1. La référence à l'Arche d'alliance du premier Testament est une constance dans l'hymnographie mariale, en particulier celle composée par saint Jean de Damas.

vers le ciel. Tel l'accomplissement de la formule qui nous est adressée par l'apôtre, quand la liberté de l'Homme se conjugue avec la liberté de Dieu[1].

L'image de Ta gloire ineffable (Eulogitaires mortuaires)

Le souffle se fait rare et la voix s'émousse, lèvres closes. Les mains sont tenues en relais de proche en proche. Les prières sont lues par un prêtre auprès de celui ou de celle qui est en agonie, pour le préparer au « grand passage », à sa « Pâque » personnelle, du royaume de ce monde à celui de la vie éternelle. « Je m'endors et je me relève, et je suis avec Toi. » On évoque à voix basse le premier *Trisagion*[2] prêt à être célébré dès l'endormissement. Le dernier souffle est rendu et la voix s'est éteinte. Les proches ferment pieusement les yeux du défunt. Il y a des larmes

1. *Ibid.* 10.
2. Le *Trisagion* (du grec, trois fois saint) est un court service qui commence par trois fois : « Saint Dieu, Saint, Saint immortel, aie pitié de nous. » Au-delà de la prière pour ceux qui se sont endormis, c'est en premier un chant liturgique qui remonte aux premiers temps de l'Église et que l'on retrouve dans les liturgies d'Orient et d'Occident. Son origine est probablement syrienne. Il est possible que les Pères réunis au Concile de Chalcédoine en 451 soient à l'origine de sa large diffusion à Constantinople et dans tout l'Orient. Son usage est une signature de la liturgie et de l'office byzantins et de la prière du chrétien orthodoxe. En Occident, l'antique liturgie des Gaules au VIe siècle l'utilisait à chaque messe, mais la liturgie romaine ne l'a reçu que pour la messe des dons présanctifiés du Vendredi Saint. À part, le chant *Media vita in morte sumus* est à l'origine une Grande Antienne du Grand Carême dont le texte ecclésiastique a été composé pour faire chanter le *Trisagion*.

démontrant les regrets et la douleur qu'éprouvent ses parents et ses amis. On l'appelle par son nom et le psautier est grand ouvert. On célèbre aussi éventuellement une *Pannychide*[1], un autre office pour le défunt dans lequel est déployée l'image du repos et du sommeil, transmise depuis le livre d'Esdras (4 Esd 2, 34-35). Pour annoncer la mort de Lazare, le Seigneur Jésus leur dit qu'il dort (Jn 11, 11). Saint Paul parle de ceux « qui se sont endormis dans le Christ » (1 Cor 15, 18). Ici, le repos éternel prend une coloration nouvelle, il est l'accomplissement d'une promesse que Dieu réalise par le Christ. « Bienheureux les morts qui meurent dans le Seigneur. Déjà l'Esprit dit : Ils se reposent de leurs labeurs » (Ap 14, 13). Repos éternel et mémoire éternelle, celle aussi qui participe du maintien des fondements de la Création dans l'attente du Jour du Seigneur. Les yeux sont fermés et le cœur de l'homme clame par la plume du poète : « Bleus ou noirs, tous aimés, tous beaux, ouverts à quelque immense aurore, De l'autre côté des tombeaux, Les yeux qu'on ferme voient encore[2]. » La voix s'est tue, mais le visage immobile est tourné vers la lumière de la Face. Dès lors, sans rupture ni substitution

1. Se prononce « pannykide ». C'est un office pour les défunts, plus important que le *Trisagion*, qui est célébré séparément de l'office des funérailles. On l'utilise après le trépas et jusqu'aux funérailles, ainsi qu'au-delà.
2. René-François Sully-Prudhomme (1839-1907), « Les yeux », « La vie intérieure », *Stances et poèmes*, Paris, 1865.

aucune, la parole de l'Église enchaîne et clame : « Je suis l'icône de ton ineffable gloire[1]. » Le visage tourné vers la Face.

À la mémoire de l'archimandrite Jacob (1939-2021), higoumène et fondateur du monastère de la Théotokos à Cantauque (Aude-France), endormi dans l'espérance de la résurrection.

1. Eulogitaires mortuaires, strophes du Canon de l'office de Requiem byzantin.

Au nom de la vie, désobéir à la loi de la souffrance

Chems-eddine Hafiz
Recteur de la Grande Mosquée de Paris

Dans la foi musulmane et dans de nombreuses traditions religieuses, la vie est un précieux don de Dieu. La vie humaine est une bénédiction, ce qui lui procure un caractère sacré et exige un comportement responsable. Prendre soin de ce don, c'est l'engagement de toute une existence. Les musulmans considèrent la vie comme une œuvre divine. Il est dit dans le Coran que « celui qui sauve un seul homme est considéré comme le sauveur de tous les humains » (Sourate Al-Ma'ida, 5 :32).

Comprendre le caractère sacré de la vie nous inscrit dans une logique de continuité et ne conduit certainement pas au renoncement et à la fin. Dieu recommande à l'humanité d'habiter le monde et Sa création, ici-bas, dans une célébration permanente de la vie, jusqu'au terme de la mort que Lui seul peut décider, et qui peut survenir à tout moment.

Une bonne santé physique et mentale donne de l'équilibre et de l'harmonie. Soudain, une épreuve : la maladie ou l'accident. Cette altération de la santé peut s'accompagner de douleurs intenses, de limitations physiques et de conséquences émotionnelles parfois très lourdes qui rendent probable la fin de vie.

Cependant, la souffrance peut être présente dans d'autres contextes de la vie, indépendamment de la maladie et de l'accident. Expérience individuelle et complexe, elle peut varier d'une personne à l'autre. La souffrance ne se limite pas à la douleur biologique. Elle inclut aussi la détresse émotionnelle, l'anxiété ou la dépression. Aux besoins spécifiques des personnes et aux situations différentes correspondent des soutiens adaptés.

Se préparer à mourir, un apprentissage

Vivre pleinement, c'est ainsi vivre avec la certitude de la mort et l'incertitude de son heure. Il s'agit de l'une des plus grandes préparations auxquelles sont soumis les musulmans : apprendre que la mort est la fin naturelle de la vie. Ils y réfléchissent et s'y préparent au quotidien : « Celui qui a créé la mort et la vie afin de vous éprouver (et de savoir) qui de vous est le meilleur en œuvre, et c'est Lui le Puissant, le Pardonneur » (Sourate Al-Mulk, 67 :2). Le musulman vit tout en se préparant à sa mort. Quand survient celle d'un être aimé, il ne doit pas sombrer dans la tristesse. C'est la volonté divine. Face à un décès, le croyant récite les versets 155 à 157 de la sourate Al-Baqara : « Et annonce la bonne nouvelle aux patients. Ceux qui, lorsqu'ils sont touchés par un malheur, disent : — Certes nous appartenons à Allah et c'est certes vers Lui que nous retournerons. Ceux-là reçoivent les prières de leur Seigneur, ainsi que la miséricorde et ceux-là sont les biens guidés. »

Il reprend la formule bien connue lorsqu'il est frappé par le malheur : « *Inna lillah wa inna ilayhi raaji'uun*[1]. »

Le croyant le sait bien, il ne vient pas sur terre pour une vie éternelle. L'imam Abu-Hamid al-Ghazali (1058-1111), l'un des plus grands penseurs et mystiques de l'islam, rappelle, dans son traité sur la *Revivification des sciences de la religion*, que la mort marque le terme de la vie et qu'y réfléchir en toute conscience relève de la foi. Sans abandonner le monde, il est donc important pour un musulman

1. Transcription de l'arabe « إنا لله وإنا إليه راجعون » qui peut se traduire par « C'est à Dieu que nous appartenons et c'est à Lui que nous retournons ». La formule est tirée de la sourate Al-Baqara, verset 156.

de penser à la mort, et par là d'apprécier davantage la vie présente et se préparer à l'au-delà. C'est d'ailleurs pour cela – et pour assurer au défunt la plus grande dignité dans ce passage vers l'au-delà – que la religion musulmane possède des rites funéraires riches et précis.

Si la préparation avant la mort est tout le contraire de l'abandon de la vie, les êtres humains sont exposés à des difficultés telles que l'appel de la mort qui vient parfois à les envahir. Comment vivre, comment espérer encore, lorsque la maladie et la souffrance rendent chaque jour plus intolérable que le précédent ?

Espérance : une expérience divine

La maladie révèle la fragilité de notre existence et nous rappelle le bien inestimable de la santé, souvent tenue pour acquise. Lorsque nous sommes confrontés à la maladie, nous prenons conscience de l'importance de profiter de la vie et de la préserver au maximum. Dans la tradition musulmane, on dit que la maladie lave « les péchés », mais dans une logique de miséricorde qui ne rentre donc pas dans une notion de rédemption par la souffrance. En effet, c'est dans nos moments de vulnérabilité que nous repensons notre relation à la puissance créatrice ainsi que nos rapports sociaux. Épreuve difficile, certes, la maladie conduit néanmoins à une profonde introspection et renforce nos capacités de résilience face aux défis.

Elle peut nous encourager à développer des ressources intérieures telles que la patience et la gratitude, pour examiner ce qui compte vraiment. En nous confrontant à notre vulnérabilité en tant qu'êtres humains, la maladie nous rappelle que nous sommes tous sujets à la souffrance et que la compassion et la solidarité sont des valeurs suprêmes. Le débat actuel sur la fin de vie nous met devant nos responsabilités, notamment envers les personnes âgées qui sont de plus en plus nombreuses à se retrouver dans des situations de solitude et d'isolement.

Nous savons qu'une aggravation de ces situations peut créer en elles un désir de départ définitif. La maladie soulève des questions profondes sur la nature de la souffrance et son rôle dans nos vies. Elle nous pousse à réfléchir sur la façon dont nous pouvons donner un sens à la souffrance et trouver des moyens de l'accepter et de la surmonter. L'espérance est un sentiment de confiance en un avenir meilleur, même dans la difficulté. C'est une croyance en la possibilité d'un changement vers une situation meilleure. C'est un cheminement vers l'éternité après une séquence terrestre marquée par des réalisations et des revers. L'espérance réside dans la confiance en la miséricorde et la bonté de Dieu. Le Coran encourage les croyants à ne pas désespérer face aux difficultés. L'espérance est au contraire une source de réconfort et de communion spirituelle avec le divin. Il est dit dans le texte sacré : « Dis : "Ô Mes serviteurs qui avez commis des excès à votre propre détriment, ne désespérez pas de la miséricorde d'Allah. Car Allah pardonne tous les péchés. Oui, c'est Lui le Pardonneur, le Très Miséricordieux" » (Sourate Az-Zumar, 39 :53).

Renoncer à la vie, c'est inviter le désespoir à s'emparer de nos existences déjà malmenées par d'innombrables contraintes. Un sentiment de détresse dû à la dégradation de son état de santé peut conduire la personne malade à des interrogations existentielles douloureuses et l'exposer à des idées suicidaires. La souffrance est le résultat de maladies, mais aussi de traumatismes, de difficultés relationnelles, de soucis financiers, d'une vie sociale dépourvue de tout soutien, de pertes et deuils, d'isolement social, de conflits et relations toxiques, de sentiments de culpabilité ou d'une absence de sens.

Toutes les situations accablantes ont pour aboutissement une fragilité de l'être et se voient amplifiées par la maladie. Les pensées suicidaires naissent d'une accumulation de détresses émotionnelles pouvant être accompagnées par des signes avant-coureurs.

Le progrès médical ou la défaite

Le Coran nous incite à l'élévation par la patience : « Ô les croyants ! Soyez endurants. Incitez-vous à l'endurance. Luttez constamment. Et craignez Allah, afin que vous réussissiez ! » (Sourate Al-Imran, 3 :200).

Cette recommandation trouve tout son sens dans la recherche scientifique qui caractérise notre époque. Les progrès en médecine ont permis de développer des traitements efficaces contre des maladies autrefois incurables. Les vaccins ont joué un rôle crucial dans la prévention et l'élimination de maladies dangereuses. Les antibiotiques ont révolutionné le traitement des infections bactériennes. Les avancées dans les techniques d'imagerie médicale ont perfectionné le diagnostic médical. Elles permettent aux médecins de visualiser l'intérieur du corps avec une grande précision, facilitant ainsi la détection des maladies et l'évaluation des lésions. Les progrès dans les techniques de transplantation d'organes ont permis de sauver de nombreuses vies de patients atteints de maladies en phase terminale en remplaçant des organes défaillants par des organes sains provenant de donneurs. Aujourd'hui, la médecine est capable de prédire avec une bonne précision l'apparition de certains cancers, ce qui permet des mesures thérapeutiques de prévention de ceux-ci, avant même que la détection clinique ne soit possible ou que les premiers symptômes ne se manifestent. Ces transplantations ont sauvé des patients atteints de maladies en phase terminale.

Comment renoncer à cette fabuleuse aventure au nom de l'aide active à mourir ? Encourageons la recherche médicale au lieu d'inventer des synonymes à l'impuissance et de les imposer comme les nouveaux paradigmes du bonheur collectif. Allons le plus loin possible dans l'ambition scientifique, car c'est la voie de l'espérance. Quand certains prennent le prétexte de directives anticipées, on oublie tous les abus possibles auxquels peuvent être soumises les personnes vulnérables. Ne risquons-nous pas de confondre les appels au secours des personnes désespérées avec la volonté de mourir ? Sommes-nous sûrs que les plus vulnérables d'entre nous ne subissent pas la pression de leurs proches quand ils se retrouvent dans des situations d'extrême détresse ? Interrogeons-nous sur l'accès aux soins palliatifs également, notamment à domicile. Les professionnels de la santé connaissent les difficultés d'application de la sédation profonde et continue en dehors des hôpitaux où elle est déjà difficile à appliquer. Certes, le libre choix est un progrès. Mais changer d'avis est un droit aussi. « J'ai envie de mourir » : qui n'a pas un jour entendu cette phrase de désespoir dans la bouche d'un ami ou d'un proche, avant de le voir ensuite dans de meilleures dispositions ? Les avis médicaux eux-mêmes peuvent varier, car la médecine n'est pas une science exacte. Malgré les avancées scientifiques, il y a encore beaucoup d'inconnues et de complexités qui rendent difficile la prédiction précise tirée des résultats cliniques. En s'infligeant des formules faussement humanistes, on ne fait que valider le désespoir assisté. Accepter la loi de la souffrance, c'est renoncer à la grandeur du génie humain, capable de réaliser les plus belles prouesses. Notre foi ne nous permet pas d'accepter le fait accompli de la maladie. Nous devons désobéir à la loi de la souffrance. Ne banalisons pas la négation de la vie par des détournements sémantiques. La vie humaine est trop sacrée pour être soumise à des joutes verbales. Rien ne légitime l'intervention d'autrui sur sa propre mort.

Nous devons collectivement inverser le sens de cette réflexion qui doit aller vers cet idéal qu'illustre le propos prophétique en des termes très simples : « Il y a un remède pour toute maladie. » Remettons-nous dans le contexte islamique du VIIe siècle et essayons de visualiser ces nombreuses rencontres dans lesquelles le Prophète de l'islam célèbre et valorise le progrès scientifique lié aux avancées de la médecine et d'un mode de vie sain. Dès le commencement, le message prophétique a eu une portée sanitaire marquée par des recommandations hygiéniques.

Il ne sera pas dit que les responsables religieux ont minimisé les risques de vulnérabilité ou les erreurs médicales. Non, la mort n'est pas une solution à la souffrance. Nous devons protéger nos sociétés contre un usage abusif du suicide assisté comme réponse à la douleur.

Oui, il y a eu des abus dans le traitement de la douleur, en particulier avec la production et la distribution de médicaments qui ont fini par devenir des drogues et provoquer une crise de dépendance et de surdose dans certains pays, pourtant au sommet de la modernité et de la vigilance médicale. La fin de la vie doit être traitée dans le cadre d'un nouveau pacte social et humain pour prendre en charge les individus qui souffrent. Le traitement de la douleur est un domaine complexe qui implique des professionnels de la santé mais aussi les décideurs politiques, les scientifiques, les patients, les familles et les cultes.

Prendre en charge les besoins spirituels des patients

Les progrès techniques exceptionnels de la médecine, dont nous espérons la continuation dans le domaine des soins palliatifs, ne feront pas tout. Sur les chemins de détresse, parsemés de douleurs et de doutes, les besoins spirituels doivent être pris en considération et pris en charge. La médecine et la religion ne sont pas antinomiques. Les premiers musulmans avaient une appétence toute particulière pour la médecine. Elle s'est si bien perpétuée que les terres d'Islam ont porté le flambeau universel des innovations médicales pendant des siècles. Les musulmans d'aujourd'hui gardent de cet héritage un lien fort entre la foi en Dieu et l'obligation d'en appeler au médecin – et à la science plus généralement – pour guérir. Si Avicenne avait accepté la souffrance comme une fatalité, il ne serait pas devenu ce génie de la médecine et ce grand philosophe que nous connaissons encore aujourd'hui. Et d'ailleurs, la pandémie de Covid-19 a révélé un comportement exemplaire de la part de nos coreligionnaires. Si quelques illuminés ont cherché à jouer sur les peurs apocalyptiques, les mosquées et les fidèles se sont totalement, et très rapidement, conformés aux restrictions sanitaires, y compris aux mesures de fermeture. Beaucoup d'entre eux ont puisé dans leur foi la patience nécessaire et ont exprimé cette foi dans des actions de solidarité bénéfiques à toute la communauté nationale.

La médecine actuelle reconnaît que la gestion de la souffrance, dans toutes ses dimensions, est primordiale. Elle a compris que le soin n'est pas uniquement un acte technique. Il touche l'humain ; et donc sa psychologie et ses croyances. « Prendre soin » va de pair avec soigner. La nature des relations entre le patient et le médecin a évolué, mais ce dernier ne peut lui apporter l'entièreté du réconfort spirituel dont il a parfois besoin. C'est là que peuvent intervenir les instances religieuses de plus en plus sollicitées par les personnes malades, en détresse, qui s'organisent en conséquence.

L'aumônerie hospitalière musulmane a réellement été créée il y a moins de vingt ans. Elle accomplit un travail aussi nécessaire et délicat que remarquable. Parmi ses missions les plus difficiles réside l'accompagnement vers la mort, auprès du malade et de ses proches. Cet accompagnement, évidemment réalisé en synergie avec tout le corps médical, se résume parfois à de simples mots, une présence, de simples rappels de notre conviction la plus profonde en la miséricorde de Dieu, pour procurer l'apaisement chez le mourant. Ces « petits riens », tout ce qui « reste à faire quand il n'y a plus rien à faire » pour reprendre l'esprit de l'accompagnement et des soins palliatifs, est proprement essentiel. Pour le musulman, la visite d'une personne malade est un bienfait, une bénédiction. Dans ce contexte et à ce titre, la Grande Mosquée de Paris dispense une formation des aumôniers hospitaliers qui suscite beaucoup d'engouement, ce qui témoigne d'une réelle envie d'aider son prochain, de faire don de soi et œuvre de foi. Les aumôniers, par leur connaissance religieuse et leur dévouement, jouent un rôle capital auprès des personnes hospitalisées. Ils sont disponibles pour rappeler les petits gestes religieux qui peuvent apaiser au moment de la fin de vie. La prononciation de la profession de foi juste avant de mourir en levant l'index de la main droite est un moment fort pour le musulman, car le Prophète de l'islam a affirmé : « Accédera au paradis celui dont la dernière parole est : "Il n'y a de dieu que Dieu" » (Rapporté par Abou Dawoud, 3116 et déclaré authentique par al-Albani dans Sahihi Abou Dawoud, 2673). Il n'est pas possible de rester insensible à ce dévouement et de contester son apport concret. Il faut au contraire le renforcer.

La vie et la mort comportent une part de mystère qui ne sera jamais résolu, et que chaque personne a le droit de vivre dans son intimité et dans sa spiritualité, en particulier lorsqu'elle se confronte à la maladie et à la fin de vie. Les religions ont des réponses à apporter à celles et ceux qui le désirent. Les cultes, eux aussi, ont donc un rôle précieux à jouer. C'est leur responsabilité et leur devoir.

Nos enfants méritent mieux que des querelles stériles

Les générations futures attendent de nous un débat responsable. À nous d'examiner l'héritage que nous voulons leur léguer : un patrimoine moral solide ou des égarements délétères. Elles nous jugeront sur les mots que nous utilisons aujourd'hui. Le suicide assisté dont on parle aujourd'hui avec une légèreté inquiétante présente des risques et des dérapages majeurs qui devraient susciter des préoccupations éthiques et juridiques. Un seul cas, dans le monde, d'un patient ayant été euthanasié sans son consentement doit mettre tous nos systèmes de détection en état d'alerte générale. Nous devons exprimer ouvertement nos préoccupations mais aussi nos inquiétudes, par exemple sur la qualité des soins palliatifs et de la gestion de la douleur.

Nous devons défendre le droit de vivre dans la dignité et accompagner la grande vieillesse. Une normalisation de la mort programmée pourrait ouvrir la porte à des dérives impensables. Nous lisons dans le Coran : « Entraidez-vous dans l'accomplissement des bonnes œuvres et de la piété, et ne vous entraidez pas dans le péché et la transgression » (Sourate Al-Ma'ida, 5 :2). Le croyant comprendra de ce verset l'importance d'une solidarité fondée sur la reconnaissance de nos propres imperfections. Chaque personne souffrante est différente et a des besoins et des souhaits spécifiques. L'entraide n'est pas un protocole administratif, c'est un état d'esprit. Il faut écouter sans juger. Permettons aux malades de parler de leurs expériences et de leurs sentiments. Offrons-leur un soutien émotionnel et soyons collectivement des remparts à la souffrance insupportable.

Que nous soyons adeptes d'une opinion ou opposés à une autre, gardons-nous surtout de nous invectiver les uns les autres, car l'attachement à la vie ne doit pas conduire à des dénigrements et accusations d'archaïsme. Fournissons à nos débats des conditions sereines et rejetons toute tentative de récupération politique. Les générations futures méritent mieux que des récits de querelles stériles. En investissant dans des systèmes de santé plus solides, nous poserons les fondements d'une existence meilleure pour les générations futures. Formons des individus conscients et responsables de leur bien-être, et préférons la douceur, l'accompagnement et l'espoir au renoncement.

C'est le but d'une vie, de toute vie, jusqu'au bout.

La Grande Mosquée de Paris entend s'investir pleinement dans l'accompagnement des personnes en fin de vie. Elle envisage de lancer très prochainement une formation d'accompagnateurs de fin de vie qui travailleront dans les services de soins palliatifs. Ces visiteurs que nous souhaitons former apportent un soutien dans un moment d'extrême vulnérabilité émotionnelle.

Lorsque la santé d'une personne atteint un stade où la guérison n'est plus possible, il s'agit d'aider les malades à continuer à vivre avec autant de dignité que possible. Les accompagnateurs devront agir en étroite collaboration avec les professionnels de la santé et les proches.

L'expérience nous a montré l'importance de la dimension spirituelle dans ces moments cruciaux et pas seulement pour les malades. Les proches sont très probablement en train de perdre un être cher qui leur laissera une grande peine que seules des paroles spirituelles peuvent apaiser.

« Pour le musulman, le suicide assisté est une folie ; l'euthanasie est un crime. »

Sadek Beloucif
Professeur d'anesthésie-réanimation (Université Sorbonne-Paris Nord et CHU Avicenne, APHP) et président de l'association « L'Islam au XXIe siècle »

La fin de vie interpelle l'islam, comme les autres religions et spiritualités[1]. Sur cette question, les principes théologiques essentiels et les bases du processus de décision en islam sont intéressants pour répondre en pratique aux avancées de la médecine moderne et de la médicalisation de la mort[2].

---

1. La revue britannique *The Lancet* a consacré une série d'articles intéressants sur la fin de vie selon l'hindouisme, l'islam, le judaïsme, le bouddhisme, le christianisme et le catholicisme, et le point de vue humaniste. Voir sur https://www.thelancet.com/series/end-of-life
2. R. W. Higgins, « L'invention du mourant. Violence de la mort pacifiée », *Esprit*, janvier 2003, p. 139-169.

Principes théologiques musulmans et bases du processus de prise de décision

En l'absence d'une hiérarchie cléricale officielle, il est habituel, pour analyser les courants de pensée communs aux musulmans, de faire appel aux trois sources qui les inspirent :

– d'abord, le Coran, qui contient la parole divine et les prescriptions aux musulmans ;

– puis les Hadiths, ou paroles et actes exemplaires du Prophète Mohamed ;

– et enfin les éléments de la jurisprudence, établissant un consensus au sein de la société.

Comme les autres monothéismes, l'islam intègre le respect de la vie et de la dignité humaine. Pour tout croyant, la vie ne nous appartient pas et si la mort nous touchera tous[1], le respect de la vie est sacré : seul Dieu peut octroyer la vie et seul Dieu peut la retirer[2]. Ainsi, le suicide est considéré comme

1. Coran, Sourate 3, verset 185 : « Tout homme goûtera la mort : vous recevrez sûrement votre rétribution le Jour de la Résurrection. Celui qui sera préservé du Feu et introduit au Paradis aura trouvé le bonheur. La vie de ce monde n'est qu'une jouissance éphémère et trompeuse. »
(Toutes les citations du Coran sont tirées de la traduction de D. Masson, Paris, Gallimard, 1967.)

2. Sourate 39, verset 42 : « Dieu accueille les âmes au moment de leur mort ; Il reçoit aussi celles qui dorment, sans être mortes. Il retient celles des hommes dont Il a décrété la mort. Il renvoie les autres jusqu'à un terme irrévocablement fixé. Il y a vraiment là des Signes pour un peuple qui réfléchit. »

irrationnel et est interdit[1]. Nous ne sommes que les usufruitiers de la vie lors de notre passage sur terre, et ce respect de la vie s'inscrit au nom de la déférence due à cette création divine, expliquant l'interdit fondateur du meurtre. « Voilà pourquoi nous avons prescrit aux fils d'Israël : "Celui qui a tué un homme qui lui-même n'a pas tué, ou qui n'a pas commis de violence sur la terre, est considéré comme s'il avait tué tous les hommes ; et celui qui sauve un seul homme est considéré comme s'il avait sauvé tous les hommes[2]." » Le rappel de la prescription « aux enfants d'Israël » témoigne en la matière de la continuité de l'injonction, déjà faite dans l'Ancien Testament et qui sera réitérée dans les Évangiles. De même, les Dix Commandements sont également repris dans le Coran[3] ce qui témoigne de

1. Sourate 3, verset 145 : « Il n'appartient à personne de mourir si ce n'est avec la permission de Dieu et d'après ce qui est irrévocablement fixé par écrit. »
2. Sourate 5, verset 32.
3. Sourate 6, versets 151-153 : « Dis : "Venez ! Je vous dirai ce que votre Seigneur vous a interdit : ne Lui associez rien ; soyez bons envers vos parents ; ne tuez pas vos enfants par crainte de la pauvreté ; – Nous vous accorderons votre subsistance avec la leur – éloignez-vous des péchés abominables, apparents ou cachés ; ne tuez personne injustement ; Dieu vous l'a interdit." Voilà ce que Dieu vous ordonne. Peut-être comprendrez-vous ! Ne touchez pas à la fortune de l'orphelin, jusqu'à ce qu'il ait atteint sa majorité, que pour le meilleur usage. Donnez le poids et la mesure exacts. – Nous n'imposons à chaque homme que ce qu'il peut porter – Lorsque vous parlez, soyez équitables même s'il s'agit d'un parent proche. Soyez fidèles au pacte de Dieu. Voilà ce qu'Il vous ordonne. Peut-être réfléchirez-vous ! Tel est, en toute droiture, mon chemin ; suivez-le donc ! Ne suivez pas les chemins qui vous éloigneraient du chemin de Dieu. Voilà ce qu'Il vous ordonne. Peut-être Le craindrez-vous ! »

la reprise de ces prescriptions primordiales. Il y a là une forme de base anthropologique fondatrice de ce qui nous fait humains.

La notion de miséricorde et de clémence est essentielle et conduit à la nécessité d'apaiser les souffrances du mieux possible, car la maladie n'est pas une malédiction et n'a pas de caractère rédempteur. « "Serviteurs de Dieu, soignez-vous. Dieu n'a pas créé de maux pour lesquels il n'ait point prévu de remèdes, sauf pour un seul." "Lequel ?" demandèrent-ils. Il répondit : "La vieillesse" » (Hadith). À ce principe de devoir soigner et éviter une mort prématurée, vient s'ajouter l'espoir, car croire, c'est espérer que la vie prenne le dessus. Il est enfin dit en islam que « persécuter est pire que tuer ». Sans amoindrir le caractère sacré de la vie, on pourrait en déduire que dans le cadre d'une fin de vie, une souffrance intolérable occultant tout avenir possible s'apparenterait à un acharnement thérapeutique sans but réel (ou obstination déraisonnable) et serait alors comparable à un asservissement, une torture, ou une privation de liberté condamnables.

Le médecin, dans sa pratique, doit donc assumer cette tension et agir au mieux pour son patient. La réflexion sur la finalité est primordiale, en une co-responsabilité de l'acte et de l'intention. « L'intention de l'homme vaut plus que ses actes; les actes se mesurent aux intentions » (Hadith). La responsabilité propre de l'individu est valorisée dans le Coran : « Nul homme ne portera le fardeau d'un autre[1] » et l'effort de recherche (vers Dieu, mais aussi et donc vers la connaissance) est considéré comme une expression d'adoration. Mais « Dieu veut la facilité pour vous, Il ne veut pas, pour vous, la contrainte[2] ». Le verset « Pas de contrainte en religion[3] », souvent invoqué pour illustrer la tolérance obligée vis-à-vis des autres croyants et l'absence d'obligation de conversion, s'adresse également et au premier chef aux musulmans eux-mêmes.

Cet effort personnel de réflexion et de recherche vers Dieu est très important et la raison, associée à la foi, est le fondement de la religion. C'est elle qui assure la continuité du message divin. La religion musulmane se présente comme une foi, mais aussi comme une règle et une éthique de vie guidant les comportements du croyant.

La responsabilité des croyants est également collective. Au-delà des écrits coraniques, l'expression de la démocratie et du consensus entre les membres de la société aide à régler les situations difficiles. « Les croyants et les croyantes sont amis les uns des autres : ils ordonnent ce qui est convenable, ils interdisent ce qui est blâmable[4] » ; « Celui

1. Sourate 35, verset 18, mais également Sourate 17, verset 15 et Sourate 53, verset 38.
2. Sourate 2, verset 185.
3. Sourate 2, verset 256.
4. Sourate 9, verset 71.

d'entre vous qui assistera à un acte répréhensible, qu'il le répare de sa main ou, s'il ne le peut point, par ses paroles ; s'il ne le peut pas non plus, qu'il le condamne en son cœur : c'est là le minimum de la foi » (Hadith).

Ainsi, face à la souffrance, le devoir essentiel de solidarité envers celui qui a mal, envers le plus faible ou le plus démuni est essentiel. Cette expression de solidarité préserve la dignité de celui qui souffre en même temps qu'elle maintient la nôtre. Si la souffrance est effectivement absurde, le regard que nous portons sur celui qui souffre (et qui sera bien sûr un jour moi-même) ne l'est pas.

Au sein des préoccupations de la vie, sa dimension spirituelle – qui ne se réduit pas à la religion – prend une importance croissante au cours du soin, même si elle ne saurait pas le résumer[1]. De fait, un nombre croissant de thérapeutes considèrent que spiritualité et médecine ne constituent pas deux voies distinctes et séparées, mais doivent être analysées en miroir. Le temps est sans doute venu pour que les médecins se rappellent, réinterprètent et se réapproprient la dimension sacrée de leur profession[2]. En complément de l'éthique de conviction,

1. N. Pujol, G. Jobin et S. Beloucif, « Quelle place pour la spiritualité dans le soin ? », *Esprit*, juin 2014, p. 75-89.
2. L. Culliford, « Spirituality and clinical care. Spiritual values and skills are increasingly recognised as necessary aspects of clinical care », *BMJ*, 325, 2002, p. 1434-1435.

lors des situations de fin de vie, les soignants ont appris à s'engager vers une éthique de responsabilité pour une décision qui reste toujours individuelle pour la personne concernée. Les patients en état critique qui font face à la souffrance physique et à la douleur devraient être soutenus dans toute leur complexité, avec une approche « holistique » qui reconsidère les dimensions spirituelle (âme), psychologique (esprit) et physique (corps), non de manière séparée mais comme un tout[1]. Parmi tous les soins théoriquement possibles en fin de vie, la sédation continue est un accompagnement et un traitement de dernier recours réservé à des situations très spécifiques, toujours singulières et complexes, et n'entraînant pas de rupture civilisationnelle au sein de l'ensemble des soins dus à la personne souffrante[2]. Parce qu'elle garde au premier plan l'intention de soulager et non de donner la mort, la sédation se distingue de l'« aide active à mourir » et reste ainsi conforme aux préceptes musulmans. Cette sédation, mûrement réfléchie et discutée, garde le souci de l'autre sans remettre en question le fondement des

1. P. Pelosi, « A personal trip into spirituality and religion in critical care », *Intensive Care Medicine*; 49 : 1038-1039, 2023, disponible sur : (https://link.springer.com/article/10.1007/s00134-023-07120-w).
2. M. Tomczyk et S. Beloucif, « La sédation profonde et continue jusqu'au décès est-elle applicable dans tous les cas ? », *La Croix*, 9 décembre 2019, disponible sur : https://www.la-croix.com/Debats/Forum-et-debats/sedation-profonde-continue-jusquau-deces-est-elle-applicable-tous-cas-2019-12-09-1201065337

soins palliatifs, de la médecine tout entière et aussi de notre propre responsabilité morale et de notre humanité.

Médecine moderne et questionnements sur la fin de vie

Sur le plan médical pratique, si les questions de la vie, de la mort et de l'au-delà sont amplement débattues par les théologiens, les jurisconsultes musulmans font une grande confiance aux experts médicaux en leur laissant le soin de la détermination de son moment. Ce point est crucial dans la situation du diagnostic de mort encéphalique du fait de sa potentielle conséquence en termes de prélèvements d'organes. L'islam reconnaît ce concept de mort encéphalique et valorise le don d'organe comme une bonne action[1], au nom de la prééminence de la vie et de son caractère sacré, même si en pratique cette situation est toujours dramatique pour les proches[2].

La prise en charge des personnes en fin de vie, qui s'est améliorée avec le temps, reste hautement

1. S. Beloucif, « Religions et concept de mort encéphalique », in *Prise en charge des sujets en mort encéphalique dans l'optique du prélèvement d'organes et de tissus*, Paris, Elsevier, 2005, p. 51-60.
2. A. I. Padela et A. R. Candir, « Withdrawing Life-Sustaining Therapies and the Conundrum of "Brain Death". A Clinical Case at the Intersection of Spiritual and Clinical Care for Muslims », Chest 2022, 162, p. 664-668. DOI : https://doi.org/10.1016/j.chest.2022.04.009.

perfectible. En parallèle, les requêtes d'euthanasie ne sont plus simplement isolées et s'associent de manière publique à la question de l'accompagnement des malades, avec une discussion vive, d'essence plus politique, pour savoir si l'euthanasie entre en opposition avec les soins palliatifs, ou si au contraire elle en serait l'ultime manifestation.

Lorsque le pronostic paraît désespéré pour les soignants, la décision d'arrêt de traitements actifs « devenus vains[1] » se fait au terme d'une procédure formelle, avec une discussion argumentée, collégiale et pluridisciplinaire, recherchant un consensus et préparant la décision qui, elle, reste individuelle, afin de tracer la responsabilité engagée du médecin en charge du patient. Le conflit entre valeur sacrée de la vie et principe de bienfaisance (invoquant une évaluation au cas par cas du bien attendu par rapport au mal évité) persiste toujours. Se demander si un traitement est devenu vain, c'est poser la question du bien-fondé de la poursuite de ce traitement, reconnaissant l'apport de la réflexion éthique au sein de la décision médicale, entre solidarité, bienfaisance et respect de l'autonomie de la personne.

Une telle recherche d'une solution « du juste milieu » est habituelle pour les penseurs musulmans, attentifs aux dangers des extrêmes. En effet,

1. S. Beloucif et G. Boulard, « Les traitements "devenus vains" en réanimation : éléments de réflexion », in *Conférences d'actualisation, 42e Congrès National d'Anesthésie-Réanimation*, Paris, Elsevier, 2000, p. 409-422.

le soignant doit se garder de deux écueils : agir par défaut, en renonçant trop vite à son rôle premier – soigner, guérir si possible –, pour une pathologie qui n'était pas au-delà de toute thérapeutique curable ; ou à l'opposé, par excès, en imposant des traitements inutilement pénibles, ne permettant au mieux uniquement de « gagner » quelques jours d'une vie irrémédiablement compromise. De fait, une étude européenne portant sur les pratiques de fin de vie de patients de réanimation a pu montrer que la religion *du soignant* était, en plus de considérations liées à l'état clinique du patient, l'un des facteurs influençant les modes plus ou moins agressifs[1] de traitements de réanimation choisis. Ceci souligne l'importance de comprendre comment et pourquoi les facteurs religieux influencent les pratiques cliniques au sein d'une société donnée[2].

L'islam rejoint les déclarations du pape Pie XII qui dès 1957 distinguait les traitements « ordinaires », ou « proportionnés », n'impliquant pas une charge inacceptable pour le patient, d'à l'opposé, les moyens « extraordinaires », inhabituels, imposant une charge pénible, car « non-proportionnés » et ne permettant pas un espoir raisonnable de guérison ou

1. C. L. Sprung, S. L. Cohen, P. Sjokvist *et al.*, « End-of-life practices in European Intensive Care Units. The Ethicus study », *JAMA*, 290, 2003, p. 790-797.
2. G. M. Rocker, J. R. Curtis, « Caring for the dying in the Intensive Care Unit. In search of clarity », *JAMA*, 290, 2003, p. 820-822.

de bénéfice thérapeutique satisfaisant[1] – la difficulté d'appréciation tenant au fait que cette balance doit s'apprécier au cas par cas, pour un patient donné.

« Que sera la médecine si un jour un malade arrivant à l'hôpital peut se demander de quelle nature est la perfusion qu'on lui pose ? » interroge le professeur Didier Sicard[2]. La discussion des traitements devenus vains tente d'éviter les deux maux que sont l'euthanasie et l'acharnement thérapeutique, en réfléchissant sur les buts et finalités des traitements proposés. On distingue un halo de voie médiane, une « porte étroite » dont l'objectif est de concilier des valeurs médicales et éthiques. Pour Marianne Gomez, « l'euthanasie comme l'acharnement thérapeutique sont les deux faces d'une même médaille : ils marquent l'impossibilité d'accepter la mort, soit en l'anticipant, soit en la retardant. La seule attitude qui laisse la mort venir est l'accompagnement[3] ».

Les patients sont-ils pour autant abandonnés, risquant d'être soumis à des souffrances intolérables ? Avec la loi Leonetti de 2005 « relative aux droits des malades et à la fin de vie », notre pays a su trouver une voie originale qui respecte les droits de

---

1. CCNE, « Fin de vie, arrêt de vie, euthanasie », *Les Cahiers du CCNE*, 23 :3-202000, avis n° 63, disponible sur https://www.ccne-ethique.fr
2. D. Sicard, *Hippocrate et le scanner (entretiens avec Gérard Haddad)*, Paris, Desclée de Brouwer, 1999.
3. M. Gomez, « L'euthanasie, une fausse solution », *La lettre de l'Espace éthique AP-HP*, automne-hiver 1999/2000, 9-10-11(« Fins de vie et pratique soignantes ») :100.

la personne en fin de vie et lui permet de s'opposer à des traitements dont elle ne voudrait pas. Le médecin doit se conformer aux souhaits du patient, même s'ils ont pour conséquence d'abréger sa vie. Chez un patient dans l'incapacité d'exprimer sa volonté, la recherche de directives anticipées, le recueil de la parole de la personne de confiance antérieurement désignée par le patient ou une procédure d'instruction collégiale de ses dernières volontés constituent une avancée essentielle contre l'acharnement thérapeutique, tout en soulageant les souffrances.

En 2016 la loi dite « Claeys-Leonetti » a accru le poids des directives anticipées et renforcé la parole de la personne de confiance, tout en réaffirmant l'importance du droit d'accès aux soins palliatifs. Elle a également consacré le droit de chaque personne à demander une sédation profonde et continue maintenue jusqu'à son décès. Du fait de son caractère exceptionnel et potentiellement transgressif, cette sédation profonde doit être soigneusement discutée dans ses indications et ses modalités d'application, possibles également à domicile[1].

La question de la sédation profonde en fin de vie est l'une des plus difficiles qui soit en médecine. Ici, le médecin a *l'intention de soulager*, même s'il *prévoit* que la vie du patient peut être écourtée de quelques

1. A. Cordier et R. Lallemand, *Pour une fin de vie humaine. Petit précis de soins palliatifs à domicile*, Préface de D. Sicard, Postface de S. Beloucif, Paris, Éditions Hermann, 2023.

jours. Il existe là une distinction fondamentale avec l'euthanasie, car la mort, même si elle est *prévue*, n'est pas *voulue*. L'euthanasie (ou le suicide assisté) dont *l'intention* est directement de tuer, de « faire mourir » est radicalement différente et constitue une rupture absolue de l'intention médicale. Reste que la sédation profonde, même si elle est encore malheureusement inconnue de la majorité de nos concitoyens, peut répondre aux volontés de toute personne subissant une souffrance physique ou morale jugée inacceptable ou inapaisable malgré les traitements, en laissant la mort venir.

Car tout en reconnaissant que la maladie est la plus forte, la sédation demeure un soin – cette décision de « laisser mourir » faisant partie de l'accompagnement et de la lutte contre une obstination médicale déraisonnable. S'engager vers une « aide active à mourir », même exceptionnellement pour quelques cas, que ce soit sous la forme d'une euthanasie, ou même d'un suicide assisté, réaliserait une réelle profanation de l'acte de soin au sein de la société[1]. Sur un plan moral, ces éventualités se rejoignent et sont aux antipodes de l'accompagnement et du soin. Avant d'envisager une nouvelle loi, nous devrions tous nous retrouver sur la nécessité

1. S. Beloucif et C.-e. Hafiz, « L'euthanasie et le suicide assisté sont une profanation de l'acte de soin », *Le Monde*, 28 octobre 2022, disponible sur : https://www.lemonde.fr/idees/article/2022/10/27/l-euthanasie-et-le-suicide-assiste-sont-une-profanation-de-l-acte-de-soin_6147514_3232.html

de contribuer à l'amélioration des pratiques et à l'acculturation des professionnels de santé et des citoyens aux questions de fin de vie.

Quand la fin de vie se médicalise, il faut justement l'humaniser et transformer la formation des soignants pour qu'ils apprennent à intervenir moins et accompagner plus. C'est reconnaître l'importance de l'établissement d'une culture palliative, qui doit être enseignée, comme la mort, dans tous les champs de la médecine. La proximité de la mort suscite la réflexion et stimule le besoin de science, d'éthique et de respect d'autrui, sans entrer en conflit avec une invocation spirituelle d'un ordre supérieur. Dans son livre *Dieu face à la science*[1], le scientifique Claude Allègre rappelle les doutes et combats de l'Église face à la science au cours de l'histoire et aussi comment la science a exclu Dieu de son cheminement intellectuel. Pourtant sa conclusion demeure optimiste : « La certitude du savoir entraîne le dogmatisme, l'esprit dévot, l'intolérance. La religion donne des explications aux "mystères" du monde. La science cherche à comprendre ces "mystères" par la raison et elle est donc par définition limitée par les capacités du cerveau humain. [...] Elle ne doit jamais l'oublier et succomber à la tentation du "savoir absolu". »

1. C. Allègre, *Dieu face la science*, Paris, Fayard, 1997.

Il y a plus de vingt ans, une étude[1] a analysé les besoins de patients en fin de vie selon la qualité des traitements qui leurs étaient prodigués. Au reproche de n'avoir pas mentionné l'euthanasie, les auteurs de ce travail ont répondu[2] : « Lorsque la prise en charge de la fin de vie remonte à la surface à la télévision, dans les journaux, ou à la radio, 9 fois sur 10 la question se présente comme “euthanasie” ou “suicide assisté”. Au lit du malade toutefois, les inquiétudes principales des patients mourants sont celles de notre étude : recevoir un traitement adéquat de la douleur et de leurs symptômes, éviter une prolongation inappropriée de l'agonie, parvenir à une prise de contrôle, soulager le fardeau, et renforcer les relations avec les êtres chers. Dans notre étude […] l'euthanasie était mentionnée par moins de 5 % des participants de chaque groupe. Est-il possible que la question dramatique de l'euthanasie et du suicide assisté ait obscurci les “banales” questions personnelles qui sont d'importance primordiale chez les patients mourants ? »

Les discussions sur la fin de vie ont un cours bien différent selon que la question est posée à une personne en bonne santé ou au contraire à une

1. P. A. Singer, D. K Martin et M. Kelner, « Quality end-of-life care : patients' perspectives », JAMA 1999, 281, p. 163-168.
2. P. A. Singer, D. Martin et M. Kelner, « Euthanasia and end-of-life care, in reply », JAMA 1999 ; 281, p. 1488.

personne malade, atteinte d'une pathologie chronique, en fin de vie, ou dont les jours sont comptés. Car la psychologie d'une personne en bonne santé est très différente de celle d'une personne malade. Pour Tolstoï, « le temps qui nous reste à vivre est plus important que toutes les années écoulées ». Ce facteur temps a aussi un impact prépondérant au sein de la relation médicale – par essence asymétrique – entre soignés et soignants, ce d'autant que la vulnérabilité croît au fur et à mesure que la mort approche. La notion de « moyen terme », mise en avant par les dénigreurs de la loi actuelle pour la modifier, est cependant contestable sur les plans médicaux, sociologiques et humains. Force est de constater que le « moyen terme » de l'un sera le « court terme » de l'autre, avec à chaque fois une détermination malaisée, voire ambiguë.

Dès lors que l'on considère que pour le croyant, médecine et spiritualité s'accompagnent l'une l'autre, y a-t-il une spécificité musulmane de la condamnation de la mort voulue, dans la mesure où sa prohibition est la même pour tous les monothéismes (et au sein de la République dans l'état actuel de la loi) ? Le caractère fondateur de cet interdit est le même pour tous les croyants, la douleur et les souffrances étant prises en charge, même à l'aide de moyens exceptionnels tels la sédation profonde. Pour le musulman, garder espoir et foi jusqu'au bout dans ces situations difficiles est une forme d'expression de l'acceptation de sa destinée, dont le sens reconnaît toujours le caractère clément et miséricordieux du Créateur ; car c'est Dieu qui donne la vie et Dieu qui la reprend[1].

Il existe enfin une considération particulière de la notion de temps, car dans la langue arabe – comme en hébreu – le verbe « être » ne se conjugue pas au présent. Il n'apparaît qu'à deux temps, l'accompli et l'inaccompli, comme pour ne pas oublier que je ne suis pas seul maître de ma destinée et que ma vie ne se définit qu'à intersection entre ce que j'ai déjà vécu et ce que je pourrais vivre encore, si Dieu me prête vie…

1. Sourate 3, verset 156 : « Dieu fait vivre et Il fait mourir. Dieu voit parfaitement ce que vous faites. »

Approche(s) de la fin de vie dans le bouddhisme

Antony Boussemart
Co-président de l'Union bouddhiste de France

La question de la fin de vie est sans doute l'une des plus délicates auxquelles nous sommes confrontés. Dans de nombreuses cultures, y compris celles au sein desquelles le bouddhisme s'est répandu, la mort est reconnue comme un passage naturel dans le cycle de la vie. Il n'en reste pas moins que la fin de vie peut être un moment de grande souffrance et de confusion, tant pour le mourant que ses proches.

La fin de vie, qui est pourtant une étape prévisible de toute existence, se révèle souvent difficile à aborder. Les religions et les spiritualités jouent un rôle crucial pour aider à faire face à l'inévitable transition. Le bouddhisme, qui recommande de privilégier le long terme – les vies successives – par rapport au court terme – la vie en cours –, accorde une importance extrême à la préparation personnelle et à l'accompagnement d'autrui.

« Tout est amené à disparaître. Les êtres se rencontrent et se séparent. Tout ce qui est né, meurt. Rien ne dure. Rien n'a d'existence en soi. Telle est l'impermanence[1]. » Le rappel de l'impermanence des phénomènes est une constante de l'enseignement du Bouddha qui ne cesse de répéter à ses auditeurs : « De toutes les méditations, la plus importante est celle qui porte sur l'impermanence. »

Que nous soyons soumis à l'impermanence est visible à l'œil nu. Que toute naissance comporte implicitement une fin – et donc la mort – est pure évidence. Pourtant, qu'il est difficile d'en dépasser la simple compréhension intellectuelle ! S'il y a bien quelque chose dont nous puissions être sûrs et certains, c'est que, nous-même comme autrui, nous finirons par mourir. En revanche, nous ne pouvons, *a priori*, pas savoir quand. Et comme nous avons une peur panique non seulement de la douleur mais aussi de l'inconnu, nous sommes

1. Cette citation n'en est pas une à proprement parler, elle reflète le sens profond des enseignements donnés par le Bouddha sa vie durant. Certaines parties peuvent toutefois être trouvées dans des sutras tels que le « Sutra du Cœur », le « Sutra du Diamant » et d'autres textes bouddhistes qui traitent de la nature changeante de l'existence.

tentés de fixer nous-mêmes la date et l'heure, en demandant l'euthanasie ou le suicide assisté. La perspective d'organiser notre dernier voyage nous semble rassurante et réconfortante. L'un des résultats des enseignements proposés par le Bouddha est pourtant bien de nous donner tous les outils pour partir dans les meilleures conditions possibles afin d'assurer une transition la plus favorable vers la renaissance suivante.

L'importance de se préparer à la mort

Dans notre société du XXIe siècle qui fait tout pour que l'on ne voie pas la mort – reléguant les cimetières dans les périphéries de nos villes, soustrayant le mort à peine l'arrêt de la respiration constatée à l'hôpital –, il serait crucial de cesser de faire de la mort un sujet tabou, de l'envisager avec sérénité et de la « réintégrer » dans nos vies. L'un des plus grands enseignants bouddhistes thaïlandais, Ajahn Chah (1918-1992), avait coutume de dire : « Nous sommes tous en train de mourir, du moment de notre naissance à la fin de nos jours. Ce n'est pas quelque chose à craindre, mais plutôt à comprendre[1]. » Pourtant, « l'Homme est pétri de contradictions ! Qu'il envisage un voyage, et il va se procurer guides, billets d'avions et autres

1. « Food for the Heart : The Collected Teachings of Ajahn Chah », Wisdom Publications, 2022.

documents pour le préparer et en profiter au maximum. La mort est un voyage qu'il est sûr d'accomplir, pourtant il fait tout pour ne pas s'y préparer ». Cette constatation, que l'on attribue souvent au Dalaï-Lama, mérite plus amples réflexions.

Le bouddhisme considère la fin de vie comme une opportunité pour la transformation spirituelle. La mort n'est pas considérée comme *la* fin, mais comme une transition vers une nouvelle existence. Le cœur des enseignements du Bouddha pourrait se résumer ainsi : il est possible de prévenir l'apparition de la maladie. Il est possible d'atténuer, voire dissiper la douleur et la souffrance. En revanche, le vieillissement est inévitable. La mort est inéluctable. Comme le dit le Dalaï-Lama : « Si l'on accepte que la mort fasse partie de la vie, lorsqu'elle surviendra, on lui fera face plus facilement[1]. » Elisabeth Kübler-Ross (1926-2004), pionnière des soins palliatifs, ne disait pas autre chose quand elle écrivait dans l'un de ses livres : « On n'apprend pas à accepter la mort en l'évitant ni en la niant. Il faut la prendre de front pour la traiter de façon constructive. [...] On n'élimine pas le fait en l'ignorant et ce qui compte, c'est de vivre pleinement le temps qu'on a[2]. »

1. Sa Sainteté le Dalaï-Lama et H. Cutler, *L'art du bonheur : sagesse et sérénité au quotidien*, trad. par A. Calmevent, Paris, Robert Laffont, 1998.
2. E. Kübler-Ross, *La Mort, dernière étape de la croissance*, trad. par P. Maheu, Paris, Pocket, 1993.

La fin de vie selon les différentes traditions du bouddhisme

Toutes les branches du bouddhisme soulignent l'importance de mener une vie éthique et compatissante afin de préparer la transition. D'ailleurs, n'y a-t-il pas un consensus universel pour admettre qu'avoir la conscience tranquille facilite grandement les derniers moments ?

Selon le bouddhisme tibétain, le moment de la mort est décisif, car il offre des conditions propices pour finaliser le processus de « libération du cycle de la naissance et de la mort » (*samsara*) et atteindre l'éveil. Le grand yogi Naropa (1016-1100) enseignait que « la mort n'est pas à craindre, mais plutôt à saisir comme une opportunité de purifier notre esprit et d'atteindre l'illumination[1] ». Milarépa, célèbre poète et yogi tibétain du XIe siècle, chante de son côté : « Par peur de la mort, je suis allé dans la solitude des montagnes. Maintenant, la mort peut venir. Je n'ai plus peur[2]. » Il est observé que, selon le niveau atteint, un pratiquant peut mourir soit avec

1. Milarepa, *Les Cent Mille Chants. Le Livre de la Grande Libération*, Paris, Fayard, 2019.

2. Le poème complet est le suivant :
« Par peur de la mort, je suis allé dans la solitude des montagnes.
Maintenant, la peur peut venir. Je n'ai plus peur.
Par peur de la mort, j'ai cherché la vérité.
Maintenant, la vérité peut venir. Je n'ai plus besoin de chercher.
Par peur de la mort, j'ai lutté pour la libération.
Maintenant, la libération peut venir. Je n'ai plus besoin de lutter. »

une grande joie, soit avec une grande sérénité, soit sans éprouver de regret, car on a la certitude d'avoir fait de son mieux.

Le Zen considère la mort comme une partie naturelle de la vie, qui doit être acceptée sans crainte ni attachement. La fin de vie est perçue comme une occasion de pratiquer la pleine conscience. Dōgen (1200-1253), le fondateur de l'école Sōtō du bouddhisme Zen au Japon, disait : « Le vieillissement, la maladie et la mort ne sont pas des obstacles au chemin spirituel, mais plutôt des opportunités de croissance et d'éveil spirituels[1]. » Le pratiquant se voit ainsi encouragé à être présent à chaque instant et à reconnaître la nature éphémère de la vie. Pour les adeptes du Zen, la mort n'est pas considérée comme un événement à redouter, mais plutôt comme un aspect naturel de la vie, à accueillir comme tel. Dōgen disait encore : « Si vous pouvez comprendre la mort, vous comprendrez la vie. » Le Zen incite les pratiquants à cultiver la gratitude pour chaque instant de la vie et à accepter le fait que la mort est une étape importante de la vie que nous devons l'accepter sans regret ni anxiété. La mort est souvent comparée à une feuille qui tombe de l'arbre et le pratiquant est encouragé à l'accepter avec calme et sérénité. Pour les bouddhistes Zen, l'important

1. Maître Dōgen, *La Vraie Loi, Trésor de l'œil. Textes choisis du Shôbôgenzô*, Paris, Le Seuil, 2004.

est de vivre l'instant présent et de se concentrer sur la réalité de l'existence plutôt que de se préoccuper de l'avenir. Comme l'écrivait le grand sage Hakuin Ekaku (1686-1769) : « Il n'y a pas lieu de craindre la mort. C'est la porte d'entrée vers la prochaine phase de notre voyage. »

Dans le Theravada, le bouddhisme dit « des Anciens », la fin de la vie est considérée comme un temps de réflexion et de contemplation, un temps pour affronter la réalité de la mort et de l'impermanence. Pendant cette période, l'accent est mis sur le développement de la pleine conscience, de la concentration et de la culture de la sagesse, afin de mieux comprendre la nature de l'existence et de se libérer du cycle des renaissances. Le but ultime du bouddhisme Theravada est d'atteindre le nirvana, un état de libération complète de la souffrance et l'accès à la vraie paix et au bonheur inaltérable. Au cours du processus de la mort, la conscience de l'individu peut être dirigée vers cet objectif grâce à la pratique de la pleine conscience et à la récitation de textes et de phrases spécifiques. L'objectif est d'aider la personne à atteindre un état paisible et conscient au moment de la mort, lui permettant de faire une transition en douceur vers la prochaine existence.

Les approches de la fin de vie au sein des branches et lignées du bouddhisme peuvent comporter quelques différences, notamment sur la description de ce qui passe après la mort, mais toutes se rejoignent sur le fait que bénéficier d'une vie humaine est un atout éminemment précieux et que la période de fin de vie peut constituer une formidable opportunité pour développer toutes sortes de compréhensions – telles que l'impermanence, la vacuité – et qualités – comme l'amour, la compassion, l'éthique, la patience, etc. – qui concourront à se libérer de ce cycle infernal de mort/renaissance qui est le nôtre « depuis des temps sans commencement ».

Le bouddhisme est une voie de sagesse, associée à l'éthique et à la méditation. Le Bouddha lui-même invite ses auditeurs à « ne pas croire », mais à réfléchir et expérimenter par eux-mêmes, à faire preuve de discernement en tenant compte des circonstances, et ce avec respect, tant pour eux-mêmes que pour autrui. La mise en œuvre relève de la responsabilité personnelle. Pour prendre un exemple, s'il est recommandé dans les enseignements du Bouddha de ne pas tuer, il ne s'agit pas d'un interdit ou d'un « péché », mais d'une observation issue d'une étude approfondie des résultats que l'action de tuer entraîne chez celui qui l'effectue, en fonction principalement de son état d'esprit. Selon les mécanismes de la loi de causalité, d'une action négative ne peuvent découler que des résultats de souffrance, et d'une action positive, des résultats de bonheur. Il incombe à chacun d'y réfléchir et de s'efforcer d'agir au mieux, tant pour lui que pour autrui.

La fin de vie en question

Dans le débat actuel sur la fin de vie, d'une façon générale, toutes les traditions bouddhistes sont opposées à l'arrêt volontaire de la vie d'une personne. Toutes se rejoignent sur le fait qu'il ne convient pas d'ôter volontairement la vie d'un être vivant et, à plus forte raison, d'un être humain, sauf pour les deux raisons suivantes : principalement pour protéger un criminel en puissance d'agir et de perpétrer des actes très graves, sources de terribles souffrances pour lui ; et aussi pour protéger ses victimes potentielles, en notant qu'il ne faut s'y résoudre que quand il n'y a aucun moyen plus doux pour protéger les uns et les autres, et uniquement si on est capable de le faire avec discernement et compassion, et donc sans haine ni attachement.

Chercher à remédier à la souffrance est noble et légitime – c'est du reste l'objectif de la pratique bouddhiste –, mais dès lors qu'on admet que la mort n'est pas une fin définitive ou même tant que l'on conserve fût-ce un doute sur le sujet, vouloir remédier à la souffrance en mettant fin à une vie est un pari risqué ! Prendre une vie, même avec la louable intention de soulager la souffrance, pourrait entraîner des conséquences karmiques particulièrement négatives, et pour soi et pour celui que l'on aurait cherché à « aider », et provoquer des souffrances accrues. En effet, pour celui qui donne la mort, l'action de tuer dépose en son continuum mental une empreinte karmique sous la forme de tendance qui pourra faciliter le passage à l'acte dans les vies suivantes. Cette tendance, telle une boule de neige, se verra renforcée de vie en vie et créera les causes pour expérimenter de plus en plus de souffrance. Pour celui qui aura bénéficié de cette « aide » à mourir, cela déposera également en son esprit ce karma – sous forme de tendance – qui pourra faciliter le passage à l'acte de plus en plus facilement dans les vies suivantes, créant ce faisant une spirale dont il sera difficile – mais pas impossible, selon le bouddhisme – de s'extraire.

Comme l'intention prime l'acte, faciliter le passage peut parfois constituer un acte de compassion. Encore faut-il que la réflexion qui aura précédé la décision fusse étayée, pour ne pas dire éclairée par une compréhension particulièrement profonde – et objective – de la situation. Peut-on être sûr que tout praticien sera doté du discernement et de la compassion nécessaires ? Peut-on être sûr que d'autres critères, économiques notamment, n'interviendront jamais dans les prises de décision ?

Pistes de réflexion

Dès lors, que faire ? Il ne nous revient pas de nous substituer au pouvoir politique qui, seul, a la capacité de pouvoir légiférer sur la question. Ce que nous pouvons faire, en revanche, c'est peut-être encourager à reconsidérer l'être humain en tant que doté d'une dignité inaliénable.

D'un point de vue spirituel, la communauté bouddhiste dans son ensemble insiste sur l'énorme travail à accomplir en amont dans notre société : pédagogie sur la vie et la mort, enseignements et réflexions religieuses et philosophiques sur la réalité incontournable de la fin de vie (vieillesse, maladie et mort), éducation sur les peurs et la mort vécue comme un « échec », pratiques de méditation et de tout ce qui peut être utile à une personne pour se préparer à ce moment. C'est donc plutôt l'ignorance en priorité – la Convention citoyenne a démontré s'il en était besoin que le plus grand flou entoure le concept même de la fin de vie – qu'il faudrait pallier. Il convient aussi de combattre l'isolement et le sentiment d'être une charge pour la société, en même temps qu'il est impératif de montrer une réelle volonté de développer les soins palliatifs sur tout le territoire national – ce qui est très loin d'être le cas, on le sait.

Toutes les religions et traditions spirituelles s'accordent sur le fait qu'en fin de vie, il est important de créer l'environnement qui puisse être le plus apaisant/apaisé possible, afin de pouvoir placer le mourant dans les meilleures conditions pour le « passage ». La spécificité du bouddhisme est de recommander tout particulièrement d'éviter certaines actions et/ou états d'esprit négatifs qui peuvent conduire à une renaissance défavorable. Il est particulièrement recommandé de créer les conditions les plus propices pour un départ apaisé. Ainsi, il sera primordial de créer un environnement calme, exempt de distractions et de perturbations, afin d'aider le mourant à maintenir sa concentration et sa paix intérieure. Dans ce prolongement, il sera bénéfique d'aider le mourant à se concentrer sur des pensées et des souvenirs positifs, et l'encourager à générer des émotions altruistes telles que l'amour, la compassion et la bienveillance. Ou encore, si celui-ci a déjà une certaine pratique de la méditation, de l'encourager à pratiquer la pleine conscience, en se concentrant sur le moment présent et en cultivant la compassion et l'amour bienveillant envers lui-même et envers les autres. En parallèle, la récitation de prières, de mantras ou d'autres textes pourra contribuer à l'aider à se concentrer sur les pratiques spirituelles et à maintenir un état d'esprit paisible. En tout état de cause, il serait très important de tout faire pour éviter que ne surgissent à l'esprit de la peur et/ou d'autres émotions négatives telles que la colère ou la frustration.

Dans notre société occidentale de plus en plus sécularisée, la conception bouddhiste de la fin de vie offre une perspective originale et encore mal connue, mais – finalement – réconfortante sur la nature de la mort et de la transition vers l'au-delà. Plutôt que de voir la mort comme une fin absolue, le bouddhisme nous invite à considérer la mort comme une étape inévitable et naturelle de notre existence cyclique. Il nous rappelle l'impermanence de toutes choses et nous encourage à cultiver la sagesse et la compassion tout au long de notre vie, afin de nous préparer à cette transition inévitable. Il nous enseigne également l'importance de lâcher prise et d'accepter la réalité de la mort. Plutôt que de céder à la peur et à l'attachement, il nous invite à développer une attitude de détachement bienveillant envers la vie et ses événements. Cette approche permet de diminuer la souffrance et de favoriser une transition sereine et consciente vers la mort.

De plus, le bouddhisme offre des pratiques et des rituels spécifiques pour accompagner les mourants et les aider à trouver la paix intérieure dans leurs derniers moments. La méditation, les prières et les enseignements spirituels offrent un soutien précieux, tant pour le mourant que pour les proches qui l'entourent. Ces pratiques aident à cultiver la présence attentive, la gratitude et la compassion, favorisant ainsi une expérience de fin de vie empreinte de sens et de transcendance. La mort fait partie intégrante de la vie et peut être un catalyseur pour approfondir notre compréhension de nous-mêmes et du monde qui nous entoure. En embrassant les enseignements du bouddhisme sur la fin de vie, nous sommes invités à vivre pleinement dans le présent, à cultiver la bienveillance et à embrasser la réalité de notre propre mortalité. Ainsi, nous pouvons aborder la fin de vie avec une conscience éveillée, une acceptation sereine et une gratitude profonde pour le précieux cadeau de l'existence. Comme l'a souvent partagé dans ses écrits le maître bouddhiste vietnamien Thich Nhat Hanh, il n'y a ni mort ni peur, seulement… la vie[1].

---

1. C'est d'ailleurs le titre de l'un de ses ouvrages : Thich Nhat Hanh, *Il n'y a ni mort ni peur*, Paris, La Table Ronde, 2003.

Pour une fin de vie lucide et paisible

Jigmé Thrinlé Gyatso
Lama et co-président de l'Union bouddhiste de France

Loin d'être taboue, l'idée de la mort ou de l'impermanence de la vie est un sujet d'étude, de réflexion et de contemplation omniprésent dans la tradition bouddhique[1]. Le Bouddha enseigna que la maladie, la vieillesse et la mort découlent naturellement de la naissance ; et qu'elles font partie des souffrances inhérentes à l'existence conditionnée en général et à la condition humaine en particulier. Ces trois réalités sont incluses dans celles de l'impermanence et de la coproduction conditionnée, dont l'étude et la contemplation peuvent

1. Appelée « voie de l'intériorité » en Asie, *nangpai tcheu* en tibétain.

amener à de profondes compréhensions – telles que la vacuité et les deux vérités relatives et absolues –, à de nombreuses qualités humaines et spirituelles – telles que l'humilité, le non-attachement, l'amour et la compassion – et enfin à la libération de la souffrance des existences conditionnées et à l'éveil.

L'impermanence : idée forte et soutien permanent!

L'impermanence et la mort sont donc des sujets incontournables, quotidiens et de chaque instant pour tout pratiquant bouddhiste qui se respecte. En effet, les enseignements recommandent de se familiariser avec l'idée qu'il n'y a rien de plus naturel que de mourir une fois qu'on est né. Tout ce qui s'agrège finit par se désagréger; les choses, les êtres et le monde lui-même existent de manière relative, interdépendante et impermanente, et non pas de manière absolue, indépendante et éternelle. La réflexion sur l'inéluctabilité de la mort est considérée comme un puissant antidote à de nombreux défauts et obstacles comme la distraction, l'indolence, la paresse, la procrastination, l'inaction, mais aussi l'arrogance, l'orgueil, l'avarice, la jalousie, la convoitise, la malveillance, la colère et la haine. Milarépa, le grand yogi tibétain du XIe siècle, enseignait : « Le pratiquant qui ne se souvient pas de la mort, de la fin de tout, affermit ce que l'intellect doit abandonner et s'éloigne plutôt de l'accomplissement[1]. »

Avoir conscience du caractère imprévisible de l'heure de la mort, d'une part, et du caractère inconnu des circonstances qui la provoqueront, d'autre part, aide à s'y tenir prêt intérieurement. La familiarisation avec ces deux approches permet de remédier au stress, à l'inquiétude et à l'angoisse. Intégrer et accepter l'idée de notre finitude aide à ne plus être surpris, choqué ou scandalisé par la mort – la nôtre ou celle d'autrui. La clef d'une fin de vie sereine et sans peur est donc d'apprivoiser l'idée de la mort par la connaissance et la pratique méditative, ainsi que par la compréhension qui en découle. Autrement dit, pour accueillir ce moment avec calme, équanimité, clarté et confiance – quelles que soient les circonstances physiques et extérieures – il faut s'y préparer spirituellement dès à présent. Cela implique d'abord de ne rien faire dans cette vie que l'on puisse regretter au moment de la mort, ce qui aide aussi à donner un sens – à nos pensées, paroles, actions et interactions. Milarépa n'affirmait-il pas que « la meilleure façon de mourir, c'est de mourir sans regret » ?

1. Milarépa, *Œuvres complètes. La vie, Les cent mille* chants, trad. Marie-Josée Lamothe, Paris, Fayard, 2006.

Naissance, vie, mort et renaissance sont interdépendantes

La tradition bouddhique considère que l'existence humaine – qui commence au moment de la conception et s'achève avec la fin du processus de la mort – est rare et précieuse, car elle est la plus favorable des existences pour atteindre l'éveil ou la bouddhéité. Aussi est-il préconisé de ne pas gâcher sa vie en vaines distractions ni en actions nocives, dont une des plus conséquentes est de mettre un terme à sa propre vie ou de perturber le processus naturel de la mort avec une motivation inadéquate.

La manière dont nous vivons conditionne la manière dont nous mourrons et toutes deux déterminent en grande partie la manière dont nous renaîtrons ; ce qui faisait dire à un maître érudit : « Je n'ai pas peur de mourir, j'ai peur de renaître[1] ! » Vie, mort et renaissance sont donc interdépendantes ; et la clef de voûte de cette interdépendance est l'instant présent. En effet, à chaque instant tout est possible : le meilleur comme le pire et, au-delà du bien et du mal, l'éveil aussi ! C'est ce que confirme le quatorzième Dalaï-Lama : « L'un des principaux facteurs qui nous aidera à demeurer calme et imperturbable au moment de la mort est la manière

1. Kagyü Khenchen Yéshé Tcheudar Rinpoché, *Le doigt qui montre la voie*, Thonon-les-Bains, L'Astronome, 2013.

dont on aura vécu[1]. » Cette approche fait prendre conscience de notre responsabilité individuelle et, par extension à tous les êtres, de notre responsabilité universelle. Pour s'y appliquer, une juste motivation et la pratique de l'attention et de la vigilance sont nécessaires. De cette manière, il est possible de vivre et de mourir en paix, pour notre bien et pour celui d'autrui. « Celui qui, après avoir été négligeant, devient vigilant illumine le monde comme la lune émergeant des nuées[2] », enseignait le Bouddha Shakyamouni (VIe siècle avant J.-C.).

Se libérer des souffrances de la vie et de la mort, et de leur origine

Qui est bien motivé, attentif et vigilant peut vaincre l'ignorance et les perturbations émotionnelles, mettant fin par là même aux causes de toutes les souffrances, dont celle de la fin de vie. C'est pourquoi le Bouddha disait : « Je n'enseigne qu'une chose : la souffrance et la libération de la souffrance. » L'erreur fondamentale souvent commise par qui veut échapper à la souffrance est de croire en son existence réelle ou absolue, ainsi qu'en celle du sujet qui souffre et de l'action mise en œuvre

1. Sa Sainteté le Dalaï-Lama, *Du* bonheur *de vivre et de mourir en paix*, trad. par C. B. Levenson, Paris, Calmann-Lévy, Coll. « Points Sagesses », 1998.
2. Lire (*Le*) *Dhammapada*, plusieurs traductions publiées en français.

pour ne plus souffrir. C'est cela qui est désigné comme étant l'ignorance. À partir de l'ignorance se développe une confusion générale entre douleur et souffrance, plaisir et bonheur, cause et condition, amour et attachement, identité et identification… Et cette confusion entraîne malheureusement de nouvelles causes de souffrance au sein même de la recherche du bonheur… L'origine de l'ignorance se trouve dans la croyance en l'existence réelle d'un soi autonome et indépendant, qui souffre à cause de sa propre soif d'exister ou de ne plus exister et de son attachement aux phénomènes extérieurs et intérieurs. Du point de vue de la philosophie et de la pratique de la méditation bouddhiques, il est essentiel de comprendre que l'impermanence et la mort elles-mêmes sont des concepts relatifs, autrement dit dénués d'existence propre. Au-delà du fait que les principes de « conception, naissance, vie, mort et renaissance » sont interdépendants, ils doivent être connus pour ce qu'ils sont : des réalités conceptuelles, relatives, conditionnées et illusoires. Le meilleur travail spirituel que l'on puisse accomplir est de ne pas s'attacher à l'aspect existant ou à l'aspect non existant de ces réalités. Cette dualité une fois défaite, l'ignorance – à l'origine de la souffrance – est aussi défaite.

Une autre analyse, fine et lucide, de ce que l'on nomme « conception, naissance, vie, mort et renaissance » permet de comprendre qu'il s'agit en fait de moments successifs constitués d'instants, eux-mêmes composés d'instants infinitésimaux, donnant l'impression ou l'illusion d'une continuité d'existence. Nous nous attachons donc à des apparences de réalités qui ne sont en fait que concepts. Ne pas le comprendre est cause de souffrance. C'est pourquoi la mort est souvent considérée comme une souffrance, alors que pour les pratiquants bouddhistes il s'agit d'intégrer la mort à la voie spirituelle. Il y a donc heureusement un aspect positif : la possibilité de se libérer de l'ignorance, de la confusion et des perturbations émotionnelles – et par là même de la souffrance en général et de celle de la mort en particulier. C'est pourquoi le Dalaï-Lama dit que « méditer la mort est une technique puissante qui aide à prolonger et à parachever la pratique spirituelle[1] ».

La fin de la vie n'est donc pas en soi une cause de souffrance ; elle en est juste une condition, mais elle peut être aussi un moment d'éveil intérieur. C'est seulement dans la mesure où l'on s'attache à l'idée qu'il y a un moi (réellement existant) à mourir que la mort est vécue comme une souffrance – par la personne qui va mourir et par les autres. Du point de vue spirituel, c'est plutôt une opportunité pour expérimenter l'union des vérités relative et ultime

1. Sa Sainteté le Dalaï-Lama, *Du bonheur de vivre et de mourir en paix*, *op. cit.*

dans une profonde méditation : « Grandir / simple tas d'agrégats / qui comprend / de manière décisive / l'union / des apparences et du vide / où tout est possible / même grandir / et même mourir – / si tant est que mourir / soit autre chose qu'un mot / puisque celui qui n'est plus / ne peut non plus être mort / ainsi n'y a-t-il / personne / à naître et à mourir[1]. »

Méditer sur la mort et mourir en méditation

Selon la tradition bouddhique, la mort ne s'oppose pas à la vie. Elle est le processus inverse de celui qui va de la conception à la naissance. Aussi peut-on dire que la vieillesse est le processus inverse du développement d'un bébé. Il y a donc des moments d'agrégation et de développement – conception, développement embryonnaire, naissance, croissance – et des moments de déclin et de désagrégation – vieillesse, maladie, décrépitude et mort. Ces « moments » ou « processus » sont appelés *antarābhava* en sanskrit, *bardo* en tibétain, soit « suspension entre-deux », « intervalle » ou « état intermédiaire » ; car « l'illusion et la confusion nous maintiennent en état de suspension, comme un pendule[2] » où « les rêves et les perceptions de l'état

1. Jigmé Thrinlé Gyatso, *Grandir*, Thonon-les-Bains, L'Astronome, 2023.
2. Kagyü Khenchen Yéshé Tcheudar Rinpoché, *Le doigt qui montre la voie*, *op. cit.*

de veille [...] sont faux, fluctuants, impermanents, trompeurs : rien de plus[1] ».

En fait, tout instant est un état intermédiaire dans la mesure où il se situe entre deux autres instants. Cela aide à comprendre que l'instant est éphémère et insaisissable, et qu'il en va de même pour les successions d'états intermédiaires ou *bardos*. Dans le cadre des enseignements et pratiques traditionnels, il est question de six *bardos* : le *bardo* de la vie présente, le *bardo* du rêve, le *bardo* de l'absorption méditative, le *bardo* de la mort, le *bardo* de la *dharmatā* – ou « réalité telle qu'elle est », expérimenté quand les respirations externes et internes ont cessé – et le *bardo* du devenir – entre la sortie du corps et l'entrée dans une matrice.

Ce sont les trois derniers *bardos* qui concernent ce que nous appelons « la mort ». Ainsi la mort n'est-elle pas un moment précis et identifiable en tant que tel, mais une succession de moments illusoires qui donnent l'illusion d'une continuité, sans que l'on puisse dire que tel instant particulier soit précisément la mort (d'ailleurs, les notions médicales de « mort clinique » et surtout celle de « mort cérébrale » ne cessent d'évoluer avec les découvertes scientifiques...). Le maître Dudjom Rinpoché (1904-1987) enseignait : « Si vous parvenez à

1. Dudjom Rinpoché, *Petites instructions essentielles*, Saint-Léon-sur-Vézère, Padmakara, 2002.

contrôler votre esprit, seriez-vous au seuil de la mort que vous comprendrez que cette impression de mourir est seulement l'effet d'une pensée particulière, et que l'essence de l'esprit se situe absolument au-delà de la naissance et de la mort[1]. » Telle est l'approche de la mort du point de vue profond, avec l'assurance de la vue pénétrante et essentielle. C'est pourquoi les maîtres bouddhistes exhortent les disciples à faire tout leur possible pour parvenir à l'émancipation spirituelle complète. Alors, mourir sereinement et en état d'absorption méditative est considéré comme une des plus nobles manières de mourir. Cela peut se passer dans la posture de méditation assise ou dans la posture du *parinirvāna* du Bouddha (ou posture dite « du lion couché », sur le côté droit pour les hommes, ou sur le côté gauche pour les femmes) – l'aspect extérieur n'étant cependant pas le plus important.

Mais mourir en méditation profonde n'est pas toujours possible, c'est pourquoi les enseignements ésotériques des *tantras* bouddhiques proposent la pratique yogique de *p'owa*, le transfert de conscience (dans un champ pur ou dans l'espace absolu). Ce yoga particulier qui nécessite concentration, dévotion et motivation altruiste, ne demande que sept jours d'apprentissage et peut s'appliquer assez facilement au moment ultime. Il n'est en aucun cas une

1. Dudjom Rinpoché, *Petites instructions essentielles, op. cit.*

fuite d'un karma de douleurs ou de souffrances, car il doit s'appliquer au moment du dernier souffle. Cependant, il peut être appliqué pour éviter que quelqu'un n'accumule un karma négatif en nous torturant par exemple… Au Tibet, il est arrivé qu'un grand Lama recoure à cette méthode pour quitter ce monde afin d'éviter à ses bourreaux de le torturer sur la place publique. Ce n'était donc pas pour éviter la torture, mais bien pour éviter aux militaires chinois de semer des causes de souffrance pour eux-mêmes en le torturant. Ainsi cette instruction ultime devrait-elle toujours être accomplie avec sagesse et compassion, et non pas dans un intérêt uniquement personnel ou égoïste.

Les pratiquants bouddhistes ne devraient pas avoir peur de la souffrance pour eux-mêmes et devraient intégrer leurs propres souffrances au chemin grâce aux diverses méditations telles que « la saveur égale » et « la prise en charge et le don ».

Se préparer personnellement et accompagner autrui

À un niveau plus relatif et ordinaire, il est possible de considérer la mort comme un maître, un enseignement, une amie sur le chemin spirituel, ou un passage[1]… Mais quelle que soit l'approche, il faut surtout se demander ce qui sera

1. Sous la direction de B. Dumas et P. Cornu, *La mort, un passage ? Regards croisés bouddhistes et chrétiens*, Paris, Le Cerf, coll. « Patrimoines », 2017.

utile et bénéfique au moment de la mort. Car en fait, rien ne nous suivra après la mort : ni nos proches, ni nos amis, ni nos biens matériels, ni nos richesses, ni même nos savoirs intellectuels… Le plus utile sera notre confiance intérieure nourrie par nos expériences spirituelles, elles-mêmes issues des pratiques accomplies durant notre vie et à la fin de celle-ci.

Dans des pays bouddhistes comme le Bhoutan, il n'est pas rare que des personnes plus ou moins âgées décident de s'isoler, seules ou en couple, pour finir leur vie en retraite spirituelle afin d'être prêtes au moment de la mort. « Si aucun ermitage ne met à l'abri de la mort, la vie qu'on y mène permet de l'appréhender avec davantage de détachement[1]. » Parmi elles, certaines prononcent même des vœux monastiques, moyen d'observer une discipline et une éthique plus concentrées, ce qui permet d'accumuler des bienfaits et de préparer une renaissance favorable (en tant qu'être humain ne manquant de rien matériellement et spirituellement). Leurs proches respectent leur décision et les soutiennent durant le reste de leur vie.

Si nous ne réunissons pas les conditions intérieures et extérieures d'une fin de vie quelque peu radicale en retraite spirituelle, alors peut-être aurons-nous

1. F. Bonardel, *Voyager c'est apprendre à mourir. Les mille et une morts d'Alexandra David-Neel*, Lyon, Fage, coll. « Dilaceratio corporis », 2020.

la bonne fortune de pouvoir compter sur le soutien de nos proches ou sur le soutien fraternel de la communauté bouddhiste à laquelle nous sommes rattachés… Le Bouddha avait pensé au besoin de soutien en fin de vie, puisque dans les vœux monastiques qu'il a conçus, il a prévu quelques cas où un moine ou une moniale peut rendre ses vœux, comme aller servir ses parents quand ils sont âgés (ce qui concorde d'ailleurs avec le beau *Soutra de la piété filiale*). Soutenir les personnes âgées et accompagner les personnes en fin de vie est très important dans les cultures bouddhistes. Cela devrait commencer par nos grands-parents et nos parents par exemple, puis s'étendre à tous les humains et même s'ouvrir à tous les êtres…

Il est intéressant de noter que les bouddhistes se préoccupent aussi du bien-être animal, et notamment de celui des animaux destinés à l'abattoir, qu'ils rachètent, soignent et nourrissent dans des endroits agréables pour eux, jusqu'à leur mort naturelle. Relâcher dans leur milieu naturel – quand c'est possible et raisonnable – les animaux captifs ou destinés à être mangés est une pratique à part entière qui prolonge la vie des animaux et de ceux qui les libèrent, et qui apporte une immense satisfaction intérieure.

Les lieux d'accompagnement, l'hôpital et les directives

De nos jours, certaines communautés bouddhistes créent des lieux de vie ou d'accompagnement, voire de soins et de départ, pour les pratiquants bouddhistes ou pour accompagner la fin de vie de personnes souhaitant bénéficier des apports du bouddhisme. Citons en Europe le Sukhavati Hospiz, Zentrum für Spiritual Care en Allemagne, le Dzogchen Beara Buddhist Meditation Center en Irlande, le projet pilote Ultimate Care Project en Belgique, l'Oasis de longue vie en France… De son côté, l'Union bouddhiste de France a créé une aumônerie hospitalière agréée par le bureau central des cultes du ministère de l'Intérieur en 2013. La présence d'un aumônier peut être réconfortante, que ce soit dans le silence, l'écoute, le rappel des enseignements généraux ou des instructions particulières liées à la fin de vie, ou pour accompagner la personne dans une méditation ou un rituel. Pensant aux besoins de la personne hospitalisée, des enseignants bouddhistes recommandent à leurs étudiants d'avoir toujours prêt un petit « kit de pratique à l'hôpital » (qui peut contenir quelques supports spirituels comme des représentations du Bouddha et de leur maître spirituel, un chapelet, etc.). Mourir à l'hôpital n'est bien sûr pas l'idéal, et le corps médical le sait et fait des efforts pour respecter les traditions religieuses en organisant des réunions consultatives entre les représentants des cultes et le personnel soignant (tous services confondus). Les questions telles que la transfusion sanguine, le don d'organes, le don du corps à la science, l'aide à mourir, l'euthanasie et le suicide assisté sont abordées dans les comités d'éthique aux niveaux local et national. Dans tous les cas, le plus important est la motivation avec laquelle les choix sont faits et d'en connaître les tenants et les aboutissants, ce qui déterminera l'enchaînement des actions et de leurs résultats (la loi du karma).

En France aujourd'hui, nous pouvons exprimer nos préférences, nos souhaits et nos choix dans les « directives anticipées » ; ce qui permet qu'ils soient respectés et appliqués, dans la mesure du possible et de la législation. Pour cela, désigner, avec son accord, une personne de confiance qui sache qui prévenir en priorité et quoi faire est primordial. En général, la voie bouddhiste permet de rester souple en s'adaptant au cours des choses. Cependant, les circonstances qui entourent la personne en fin de vie ont de la valeur, notamment la sérénité. Aussi est-il conseillé de ne pas parler de sujets déplaisants, de ne pas se lamenter ou de ne pas pleurer, sous peine de perturber la personne (même si elle est dans le coma ou déjà décédée).

L'importance des souhaits du cœur

Pour favoriser les circonstances extérieures harmonieuses et les dispositions d'esprit positives dénuées des pollutions mentales des désirs égoïstes, de la colère et de l'ignorance, la pratique des souhaits est fortement recommandée. Voici donc deux extraits de prières de souhaits ou prières d'aspirations à formuler, pour soi-même toute sa vie et pour toute autre personne en fin de vie ou déjà décédée :

« Que j'obtienne le pouvoir sur la mort ! Grâce à mes racines de vertu, qu'en toutes mes vies, au moment de mourir, je ne meure pas de mauvaise humeur ! Que je n'éprouve pas la souffrance de l'agonie ! Que je possède attention et vigilance et, maître de moi-même, que je meure de bonne grâce, avec joie et inspiration ! […] Une fois mort, grâce à ma tête, mes pieds et mes mains, ma chair, mes os, mes membres, mes organes, mes poils et mes cheveux, mes dents et mes ongles, mon sang et ma lymphe, ma graisse et mon gras, mes cinq organes sensoriels et tout le reste, que s'accomplisse pleinement le bien de tous les êtres[1] ! »

« Lorsque notre vie sera épuisée et que viendra l'heure de notre mort, à ce moment-là aussi, / Nous en tenant fermement à la motivation essentielle :

1. 1er Gyalwang Drukpa Tsangpa Garé Yéshé Dorjé, *L'aspiration aux sept qualités de la pratique vertueuse*, Plouray, Druk Nangsel, 2022.

l'esprit d'éveil, / Puissions-nous trépasser avec l'excellent lien de l'aspiration d'amour pour tous les êtres ! / OM MANI PADMÉ HOUNG[1] ! »

1. 12e Gyalwang Drukpa, *Priere de souhaits* (extrait, a la fin d'une pratique du bodhisattva de la grande compassion). OM MANI PADMÉ HOUNG est le mantra de la grande compassion, un mantra universel aux sens multiples, car il réunit les 84 000 enseignements du Bouddha. Littéralement, on peut le traduire ainsi : « Hommage au Joyau (qui exauce tous les souhaits) dans la fleur de lotus (de la sagesse). » Ses six syllabes remédient aux six poisons mentaux, et ferment les portes des renaissances dans le cycle des existences conditionnées, elles représentent les six vertus transcendantes qui sont le chemin des bodhisattvas, etc. Lire : *Le doigt qui montre la voie, op. cit.*, p. 156 à 168.

Cet ouvrage a été imprimé en France par
CPI Bussière
Z.I. rue Pelletier Doisy
18200 Saint-Amand-Montrond (France)

pour le compte des Éditions Fayard
13 rue du Montparnasse, 75006 Paris
en octobre 2023

Photocomposition Belle Page

PAPIER CERTIFIÉ

fayard s'engage pour
l'environnement en réduisant
l'empreinte carbone de ses livres.
Celle de cet exemplaire est de :
900 g éq. CO_2
Rendez-vous sur
www.fayard-durable.fr

Dépôt légal : octobre 2021
N° d'édition : 73-8019-8/01 - N° d'impression : 2073716